CONFERENCE
DES
MONNOYES
DE FRANCE,

A CELLES D'ESPAGNE ET ANGLETERRE:

Et combien le marc d'or fin & d'argent le Roy ont valu depuis 438. ans en France, & de quel dommage eſt le ſurhauſſement de leur prix au Royaume.

Et la reduction de 24. ſortes de poids de pluſieurs Royaumes, Principautez, Republiques, & Seigneuries differens à celuy de Paris.

Preſenté à Monſeigneur le Garde des Sceaux, par NICOLAS DE COQVEREL, Pariſien, Conſeiller du Roy, & General en ſa Cour des Monnoyes.

La faulce balance eſt en abomination au Seigneur; mais le poids iuſte luy plaiſt. Prou. 11.

M. DC. XIX.

A
MONSEIGNEVR
LE GARDE DES SCEAVX.

MONSEIGNEVR,

Le ressouuenir de vostre humanité & Iustice enuers moy, lors que les billonneurs vous rapporterent en l'an 1603. *que ie n'estois entré en Prouence que pour troubler le commerce, au preiudice de ce qui auoit esté resolu en assemblée de ville à Aix ; qu'il estoit impossible faire battre monnoye de haulte loy, mais seulement des douzains.*

Bien que ie feusse seul dans le pays, & le premier des Generaux des Monnoyes qui auoit recognu la transgression, me fiant à vostre accoustu-

A ij

mée Juſtice, me preſentay à vous, preuenant d'vn
peu les billonneurs : & apres auoir eſté entendu
la fabriquation des douZains eſtre interdicte,
euſtes pour agreable leuer toutes ſortes de troubles que les billonneurs ſe propoſoient me faire,
& dans trois iours fis battre forte monnoye, nonobſtant l'impoſſibilité propoſée, & adiuge la monnoye d'Aix, pour y faire battre par chacun an,
pendant quatre ans, ſix mil marcs d'argent de
haulte loy, ſans y faire douZains.

Et ſe preſentant à preſent vn grand deſordre
pour le cours, donne à la piſtole pour cinq ſols
neuf deniers plus que ſa valeur, & que les monnoyes d'or, argent, & billon de France ne ſont
payées les vnes par les autres, qui cauſe le ſurhauſſement & le tranſport dont la France reçoit
notable perte, auquel mal ſe pouuant remedier,
ay oſé prendre la hardieſſe de vous preſenter ce
traitté de la Conference des polices des monnoyes
de France, Angleterre & Eſpagne, celles-cy bonnes, celles d'Angleterre parfaictes, & l'autre mal
reglée : Pour ſi iugeZ ce labeur digne de voir le
iour, le vouloir permettre pour l'vtilité qu'il ap-
portera, ne ſe pouuant les monnoyes de France,
qui y ſont propoſées, eſtre à iamais ſurhauſſées

les vnes par les autres, falcifiées, ny rognées, fai-
fant frapper les monnoyes au moulin incorrupti-
ble, auec peu plus de deſpenſe que ce qui ſe payoit
en l'an 1553. Et ſi le conducteur des moulins du
Roy refuſe de le faire, il s'en trouuera qui le feront, dont la France vous aura perpetuelle obligation, & ne meriterez moins de loüange que
Marius Gratidianus Preteur, en la faueur duquel furent dreſſez par les ruës de Rome ſtatuës
d'argent en recognoiſſance du bien que toute Rome receuoit par la reformation des monnoyes :
vous ſuppliant humblement,

MONSEIGNEVR,

Auoir pour agreable ce petit preſent de la main
de celuy qui eſt à iamais,

DE VOSTRE GRANDEVR,

Le tres-humble & obeïſſant ſeruiteur,

NICOLAS DE COQVEREL.

SVR L'ADVIS DE MONSIEVR
DE COQVEREL.

S I quelqu'vn paſſe ſans enuie
Pardeſſus ceſt aduis, ſon œil
Dira-il pas que de ſa vie
Il n'apperceut rien de pareil?

Démons qui regiſſez la France
De conſeils qui viennent d'enhault,
Sus confeſſez voſtre impuiſſance,
De ne voir point tout ce qu'il faut.

Ne cherchez plus à force d'armes
De reſiſter aux eſtrangers:
Arriere ces vaines alarmes,
L'on le peut bien ſans ces dangers.

Faites ſelon que vous conſeille
Ce ſainct aduis: & vous verrez
Que celuy qui touſiours vous veille
Ne pourra ce que vous pourrez.

P. D. M.

CONFERENCE
DES MONNOYES DE FRANCE
A CELLES D'ESPAGNE ET ANGLE-
TERRE, & combien le marc d'or fin &
d'argent le Roy ont valu depuis 438. ans
en France, & de quel dommage est le surhaussement de leur prix au Royaume.

*Et la reduction de 24. sortes de poids de plu-
sieurs Royaumes, Principautez, Republiques,
& Seigneuries differens à celuy de Paris.*

E desordre des Monnoyes est tel
en France, qu'il ne se peut exercer
par prest aucun acte de charité que
auec perte, sinon que le prest soit vsuraire :
& qui auoit emprunté en Aoust 1602. cent
escus d'or, dont il auroit fait obligation, &
rend ce qu'il doibt au mois de Septembre
suiuant, est quitte de 92. escus & 20. sols : tellement que le creancier reçoit perte de 6.

gros 2.deniers 3.grains d'or,ou de 23.liures:ſi
le debiteur a differé de payer iuſques en l'an
1614.il eſt quitte en rendant 80. eſcus d'or,
dont le creancier reçoit dommage du cin-
quieſme: ce qui n'arriueroit ſi les monnoyes
d'or & d'argent de France eſtoient ſolides,
& de bonté égales les vnes aux autres,ainſi
qu'elles l'eſtoient anciennement:& le ſubjet
de tel ordre ne prouient d'ailleurs que du
meſpris des premiers reglements des monnoyes plus ſaints,& les premieres monnoyes
meilleures,plus fortes,&mieux proportionnées en loy & taille du marc,que celles qui
ont eſté introduittes és années 1575. & ſuiuantes,comme il s'eſt recognu par l'ordonnance de l'an 1614.par laquelle l'on a augmé-
té le prix de l'eſcu de 10.ſols,outre l'augmentation de 5. ſols, faite par l'ordonnance de
1602. & deuoit l'augmentation(neantmoins
plus moderée) auoir eſté faite dés l'introdu-
ctió des pieces de 20.& 15.ſols és années 1575.
&1577.où eſtoit à propos laiſſer en l'an 1602.
le prix du marc d'argent à 19.liures,à cauſe
de la bonté de l'eſcu,& vilité des douzains,
doubles,ſols Pariſis, & moindre valeur des

pieces

pieces de 20.& 15.ſols,& leurs diminutions.

En l'an 1602. que l'on croyoit auoir bien pourueu au deſordre, par le ſurhauſſement qui eſtoit aux monnoyes , augmentant le prix du marc d'or de 18.liures 10.ſols,& le marc d'argēt de 25.ſols 4.deniers : ſi l'on euſt bien conſideré ce remede & le dommage qu'il a apporté au general & particulier du Royaume,l'on l'euſt rejetté ſpecialement ſur le prix du marc & eſpece d'argent,& modere le ſurhauſſement du marc d'or à 15.liures 9.ſols 11.deniers : & pour mieux faire,diminuë le prix ancié du marc d'or,& marc d'argent,d'autant que la medecine & remede furent & ſont pires que le mal,n'ayant eſté telle augmentation qu'à l'aduantage des eſtrangers, & autant de diminution des richeſſes du Royaume:& fut & eſt choſe honteuſe au calme de la paix en douze ans auoir hauſſé le prix du marc d'or de 56.liu.6.ſ.6.d. lequel deuoit pluſtoſt eſtre diminué d'autāt, comme auſſi le prix du marc d'argent ; le dommage deſquels ſurhauſſements ſe recognoiſtra en la repreſentatió du prix du marc d'or & d'argent,depuis l'an 1181.& ſuiuantes, iuſques en l'année preſente.   B

Prix du marc d'or fin, des regnes, & depuis.

44 l.	PHIL. II.	1181
34 l.	LOVIS VIII.	1224
44 l.	LOVIS IX.	1265
36 l.		1270
44 l.	PH. LE BEL.	1296
Id.		1300
44 l. 49 l. 10 f.		1310
57 l. 10 f. 57 l. 12 f. 54 l. 15 f.		1311
52 l. 10 f. 53 l. 54 l. 10 f. 57 l. 10 f.		1312
52 l. 12 f. 58 l.		
53 l. 58 l.		1313
Id.	LOVIS X.	1315
53 l. 56 l. 57 l. 58 l.	PH. V.	1319
54 l. 57 l. 58.	CHAR. IV.	1324
75 l.		1326
48 l. 12 f.		1330
40 l.		1331
50 l.		1336
52 l.		1337
58 l. 59 l. 10 f.		1338
66 l. 69 l. 71 l.		1339
86 l. 95 l. 100 l. 108 l. 115 l.		1340

―――――――――――――――――――――――――――――――2 l. 13 ſ. 4 d.
―――――――――――――――――――――――――――――――2 l. 15 ſ.
―――――――――――――――――――――――――――――――3 l. 6 ſ.
―――――――――――――――――――――――――――――――2 l. 15 ſ.
――――――――――――――――――――――3 l. 1 ſ. 3 l. 8 ſ. 3 l. 10 ſ.
――――――――――――――――4 l. 5 ſ. 4 l. 8 ſ. 5 l. 4 ſ. 6 l. 9 ſ.
――――――――――――――6 l. 14 ſ. 6 l. 15 ſ. 7 l. 5 ſ. 7 l. 10 ſ.
――――――――――――――――2 l. 9 ſ. 3 l. 7 ſ. 6 d. 3 l. 15 ſ.
――――――――――――――3 l. 3 l. 5 ſ. 3 l. 7 ſ. 6 d. 3 l. 10 ſ.
―――――――――――――――――――――――――――――3 l. 10 ſ.

――――――――――――――――――――――――――――――――――

――――――――――――――――――――――――――――――――2 l. 14 ſ.
―――――――――――――――――――――――――――――――――Id.
――――――――――――――――――――――――――――――3 l. 7 ſ. 6 d.
――――――――――――――――――――――――――――――――4 l.
――――――――――――――――5 l. 5 l. 8 ſ. 5 l. 11 ſ. 4 l. 10 ſ.
――――――――――――――――――――――――――――2 l. 17 ſ. 6 d.
―――――――――――――――――――――――――――――――――Id.
――――――――――――――――――――――――――――3 l. 12 ſ. 6 d.
――――――――――――――――3 l. 17 ſ. 6 d. 3 l. 16 ſ. 4 l.
―――――――――――――4 l. 16 ſ. 5 d. 4 l. 4 ſ. 4 l. 12 ſ.
――――――――――――5 l. 5 ſ. 5 l. 10 ſ. 8 l. 4 ſ. 10 l. 12 ſ.
――――――――――――――――――――――――――――――10 l. 12 ſ.

B ij

Prix du marc d'or fin, des regnes, & depuis.

130 l.136 l. —————————————————— 1341

168 l.171 l. 117 l. —————————————— 1342

43 l. 6 f. 8 d. ———————————————— 1343

43 l. 3 f. 4 d. ————————————————— 1344

50 l. 72 l. ——————————————————— 1346

75 l. 51 l. 10 f. ——————————————— 1347

51 l. 51 l. 15 f. ——————————————— 1348

52 l. 1 f. 6 d. ———————————————— 1349

53 l. 53 l. 18 f. 9 d. 54 l. 7 f. 6 d.   I E H. I.   1350

54 l. 17 f. 6 d. 96 l. 56 l. 5 f. 58 l. —————— 1351

12 f. 6 d. 60 l. ——————————————

60 l. 18 f. 9 d. 61 l. 17 f. 6 d. ———————— 1352

62 l. 16 f. 3 d. ———————————————— 1353

64 l. ———————————————————————— 1354

61 l. 5 f. 62 l. 10 f. 63 l. 7 f. 6 d. ————— 1355

Regence du Duc de Normandie.

78 l. 15 f. 85 l. 12 f. 6 d. ——————————— 1358

Et le prix du marc d'argent le Roy.

—10 l. 10 l. 10 ſ. 11 l.

10 l. 10 ſ. 13 l. 13 l. 10 ſ.

—9 l. 12 ſ.

—3 l. 4 ſ. 3 l. 17 ſ.

3 l. 10 ſ. 6 d. 4 l. 10 ſ. 5 l. 6 l. 15 ſ.

—7 l. 10 ſ. 4 l. 16 ſ.

—5 l. 5 l. 5 ſ. 6 l. 6 ſ. 6 l.

6 l. 8 ſ. 7 l. 7 ſ. 7 l. 19 ſ.

—5 l. 4 l. 16 ſ. 5 l. 5 ſ. 5 l. 12 ſ. 6 d. 6 l. 8 ſ.

—4 l. 12 ſ.

6 l. 8 ſ. 7 l. 10 ſ. 8 l. 10 ſ. 4 l. 18 ſ.

5 l. 14 ſ. 6 l. 2 ſ. 5 l. 12 ſ. 6 l. 10 ſ.

—12 l. 11 l. 15 ſ. 12 l. 15 ſ. 4 l. 15 ſ.

5 l. 7 ſ. 5 l. 17 ſ. 6 l. 5 ſ.

—9 l. 6 l. 4 ſ. 10 l. 12 ſ. 12 l. 4 l. 4 ſ.

4 l. 16 ſ. 5 l. 6 ſ.

—6 l. 10 ſ. 7 l. 10 ſ. 10 l. 11 l. 12 l. 10 ſ.

14 l. 16 ſ. 18 l. 5 l. 5 ſ.

—7 l. 10 ſ. 9 l. 12 l. 16 l. 4 ſ. 22 l. 3 ſ.

—29 l. 8 ſ. 10 l. 15 l. 18 l. 8 ſ. 9 d. 11 l.

—7 l. 13 l. 10 ſ. 15 l. 17 l. 18 l. 10 ſ.

—6 l. 10 ſ. 7 l. 8 l. 9 l. 4 l. 18 ſ. 5 l. 8 ſ.

Prix du marc d'or fin, des regnes, & depuis.

8 l. 5 f.	1359
60 l.	1360
61 l.	1363
62 l. — CHAR. V. —	1364
62 l. 10 f.	1365
63 l. 18 f.	1368
63 l. 10 f.	1371
66 l. — CHAR. VI. —	1384
Id.	1386
67 l.	1387
Id.	1391
67 l. 10 f.	1392
68 l. 5 f.	1394
70 l.	1411
70 l. 15 f.	1413
72 l.	1415
92 l.	1417

Regence de Monseigneur le   1418
Dauphin.

Dés & depuis ceste annee y euſt des deſordres extraordinaires aux monnoyes du Royaume, pour la diuerſité de ceux qui

Et le prix du marc d'argent le Roy.

———————24 l. 12 ſ. 6 d. 34 l. 9 ſ. 6 d. 42 l.
————— 53 l. 17 ſ. 6 d. 72 l. 16 ſ. 102 l. 7 l.
————————————————— 5 l.
————————————————— Id.
————————————————— 5 l. 5 ſ.
————————————————— Id.
————————————————— Id.
————————————————— 5 l. 16 ſ.
————————————————— Id.
————————————————— Id.
————————— 6 l. 6 l. 5 ſ. 6 l. 15 ſ.
————————— 6 l. 15 ſ. 7 l.
————————— 7 l. 7 l. 2 ſ.
————————— 7 l. 2 ſ.
————————————————— Id.
————————————————— Id.
————————— 8 l. 9 ſ.
--P. 9 l. 9 l. 15 ſ. 10 l. B. 9 l. 10 ſ. 11 l. 16 l. 10 ſ.

commandoient, les vns à Paris, les autres à
Bourges : pourquoy nous auons trouué à
propos de repreſenter par la lettre P. proche

chacun millefime, que le prix du marc d'or
& d'argent eftoit felon les reglements de

144 l. 17 l. 13 f. ————————————1419
1420
76 l. 5 f. ————————————————1421
B 320 l. P 76 l. 5 f. ——————————1422

En cefte annee y euft de merueilleux
changements au cours des monnoyes, & le
marc d'argent le Roy en œuure s'expofa
pour trois cents foixante liures, qui eftoit
quarante liures plus que le prix du marc

Paris

Paris par la lettre B, le prix donné à ſes deux
metaux à Bourges.

B 11 l.10ſ.12l.13ſ.14l.15l.16l.10ſ.18l.20l.22l. P 16 l.
B 27 l. 30 l. 32 l.
B 35 l. 38 l. 42 l. 50 l. P 28 l. 6 l. 3 ſ.
B 70 l. 90 l.

d'or; pourquoy l'eſcu d'or euſt cours pour
quarante liures de la monnoye du temps,
l'alteration de laquelle cauſa le ſurhauſſement du marc d'or, iuſques à deux mil huiƈt
cents quarante-ſept liures.

C

CY COMMENCE LA

B 90 l. P 70 l. 5 ſ. ——	CHAR. VII.	1422
P 77 l. 10 ſ. 78 l.		1423
P 78 l.		1427
78 l.		1428
Id.		1429
Id.		1431
86 l. 5 ſ.		1435
Id.		1436
86 l. 7 ſ. 6 d.		1438
88 l. 2 ſ. 6 d.		1445
97 l. 15 ſ.		1446
99 l.		1447
100 l.		1455
118 l. 15 ſ.	LOVIS XI.	1475
Id.	CHAR. VIII.	1488
147 l.	LOVIS XII.	1507
Id.	FRANÇ. I.	1519
165 l. 7 ſ. 6 d.		1540
Id.		1543
185 l.	HENRY II.	1549
Id.	CHAR. IX.	1561
199 l. 16 ſ.		1571

FORTE MONNOYE.

———————— 7 l. 10 ſ.
———————— 7 l. 6 l. 15 ſ.
———————— 8 l. 8 l. 10 ſ. 9 l. 10 l.
———————— 11 l. 13 l. 10 ſ. 15 l.
———————— 20 l. 7 l.
———————— 8 l. 10 ſ. 7 l. 5 ſ.
———————— 9 l. 7 l.
———————— 7 l.
———————— 7 l. 8 ſ.
———————— Id.
———————— 7 l. 15 ſ.
———————— 8 l. 10 ſ.
———————— 8 l. 15 ſ.
———————— 8 l. 15 ſ.
———————— 12 l. 10 ſ.
———————— 11 l.
———————— 12 l. 10 ſ.
———————— 14 l.
———————— 14 l. 10 ſ.
———————— 15 l.
———————— 15 l. 15 ſ.
———————— Id.

Valeur du marc d'or. Valeur du marc d'arg.
214 l. 12 ſ.——HENRY III.——1574————Id.
222 l.——————————— 1577 ——— 19 l.
240 l. 10 ſ.——HENRY IV.——1602—20 l. 5 ſ. 4 d.
278 l. 6 ſ. 6 ſ.—LOVIS XIII.——1614———— Id.
Id.——————————————1619 Id.

La diuerſité du prix du marc d'or & d'argent en ſes années teſmoigne le ſoing continuel qu'auroient eu les Roys & leur Conſeil
à la conſeruation des richeſſes du Royaume,
qui conſiſtent en fruicts annuels, qui ne ſe
peuuent eſpuiſer par les eſtrangers, que par
dol, fraude, ou par ſuppoſition de monnoye
eſtrangere qui ſe baille en payement au lieu
de celle du Royaume.

Au temps le plus furieux des guerres eſtrã-
geres, pour la diſcontinuation du commerce, l'inuention d'alterer & d'augmenter le
prix de la monnoye d'argent, fut mis en vſage, mais rarement l'or; & la guerre ceſſée,
l'on retournoit à la diminution du prix exceſſif du marc d'argent, & à renforcer les
monnoyes par banniſſement du billon & refonte d'icelui, & les obligations paſſées pendant tels deſordres ſe reduiſoient à la forte

monnoye: & ainſi en ont vſé Meſſieurs des Parlements de Prouence & Dauphiné, apres la fin des troubles de l'an 1588. pour le deſordre qu'auoit apporté en ſes Prouinces l'alteration des doubles ſols Pariſis, & en ceſte annee l'eſcu ſol & quatre quarts d'eſcus s'expoſoient en Prouence pour douze liures.

Et eſt choſe inouye en la ſaiſon d'vne paix aſſuree, que toute ſorte de commerce, tant par mer que par terre, eſtoit libre, & du regne de HENRY LE GRAND en l'an 1602. & du Roy ſon fils en l'an 1614. l'on aye vſé de ce remede pour reformer les deſordres des monnoyes, dont l'effect n'a eſté & n'eſt que tres-pernicieux, & le dommage receu & à receuoir trop grand à l'aduaȃtage des Roys & peuples qui tirent les bleds, fruicts & toilles du Royaume, ainſi qu'il ſe recognoiſtra prenant l'vne des annees precedantes la mieux reglee, & la conferant à ce ſiecle ſur le prix que pouuoit valoir vn muid de bled, payé en monnoye d'Eſpagne, ou autres monnoyes qui auoient cours, & les conferant à ce que les eſtrangers expoſent à preſent leurs matieres & monnoyes d'or &

C iij

d’argent, par ſi extraordinaire augmentation de prix: Et d’autant que du regne du
Roy François I. il n’y auoit que les Empereurs, Roys & grandes Republiques qui fiſ-
ſent battre bonne monnoye & bien reglée,
nous choiſirons l’annee des plus parfaits reglements des viures & des monnoyes.

En l’an 1540. le marc valoit par l’ordonnance ————————————— 165 l. 7 ſ. 6 d.

Le marc d’argent le Roy 14 liures, partant
l’argent fin de 12 d. valoit 14 l. 12 ſ. 2 d. $\frac{2}{13}$ de
denier.

Qui eſtoit 11 marcs $\frac{41}{144}$ de marc d’argent
fin, pour vn marc d’or fin, ou 11 marcs $\frac{24}{171}$ de
marc d’argét le Roy pour vn marc d’or fin.
Et ſi ſa Majeſté & tous les ordres & Officiers
du Royaume conſideroient ceſt iniuſte remede, ils recognoiſtroient en leurs gages &
reuenus de combien ils ſont appauuris par
des nombres imaginaires de liures que l’on
leur a laiſſez au lieu de ſubſtances d’or & argent par ſubrogation de cuiure: Ce qui ſe
pourra mieux cognoiſtre en la repreſentation de l’achapt & prix du fruict le plus có-
mun, & dont la France eſt plus fertile, & le

distribuë aux nations estrangeres,& à tous ses voisins.

Si le muid de bled se vendoit és annees 1540,& 45. soixante liures,& le marchand Espagnol payoit en realles de quatre,il laissoit dans le Royaume 80. realles de 15 s. piece,qui estoit le prix que l'on donnoit lors à la realle de quatre:s'il payoit en ducats,qui y auoit cours pour 46 s. 9 d. il laissoit 25 ducats 2 realles de 15 s. & 1 s. 3 d.

En l'an 1545. que fut donné cours au pistolet d'Espagne pour 41 s. 6. & à l'escu sol pour 45 s. le marchád Espagnol payoit pour vn muid de bled de pareil prix 29 pistolets, moins 3 s. 6 d.

Pareillemét si l'Anglois enleuoit vn muid de bled de pareil prix,il le payoit en angelots de poids qui valoient 67 s. 6 d. & laissoit 17 angelots & demy,& 18 s. 9 d.

Et le Flamand pour pareille quantité de bled, laissoit 17 imperialles,moins 7 s. & valoit l'imperialle 71 s.

Par ceste ordonnance est à remarquer la prudéce des anciens François,lesquels donnoient cours à l'escu sol pour 3 s. 6 d. plus

qu'au piſtolet, & n'eſtoit lors payé par les
François aucune traicte oũ façon des mon‑
noyes d'Eſpagne, ainſi que l'on a fait par le
dernier Edict de l'an 1614. & contre toute
bonne‑police.

En ce temps les François deuoient eſtre
plus affectionnez au bien de leur patrie, &
enrichiſſement du Royaume, & amour de
leur Roy, qu'ils ne ſe ſont monſtrez au der‑
nier reglement des monnoyes, par lequel a
eſté donné cours à la piſtole pour 7 l. 4 ſ. le
fin de laquelle à raiſon de l'augmentation
du prix du marc d'or ne vaut que 6 l. 18 ſ. 2 d.
$\frac{36}{73}$ de denier, qui eſt 5 ſ. 9 d. $\frac{17}{73}$ de d. plus que
ſa matiere, & s'expoſant la piſtole du poids
de 5 d. 4 grains, comme elle fait, ſans aucune
difficulté, la piſtole ne vaut que 6 l. 16 ſ. 6 d.
$\frac{24}{37}$ de d. qui eſt de perte ſur chacune piſtole
7 ſ. 5 d. $\frac{11}{37}$ de d. & à proportion la moitié ſur
chacun piſtolet.

Pour entendre ceſte demonſtration, & la
rapporter à ce ſiecle, & à l'annee en laquelle
a eſté faite ceſte augmentation, bien que le
bled ait eſté plus cher dedans les villes que
de 5 l. le ſeptier, neantmoins ne valoit d'a‑

uantage és chasteaux & maisons des Gentils-
hommes, & eust valu moins, sans les tran-
sports continuels qui se sont faits contre les
loix du Royaume és nations estrangeres: &
à raison du cours donné au pistolet par le
dernier Edict, l'Espagnol ne paye & laisse
que 16 pistolets, & 2 tiers de pistolet; partant
le reuenu du Gentilhomme ou bourgeois
est diminué de plus de 12 pistolets sur chacun muid de bled, qui est tiré hors le Royaume, dont le profit demeure au Roy d'Espagne, & à ses subjects: qui auoit sept cents liures de gages de rente ou reuenu, estoit payé
de 337 escus pistolets, & trois realles simples,
moins six deniers, & en escus au Soleil 311.
escus 5 s. & en testons (qui estoit la seule espece d'argent de France) 350 quarnes: & à present n'en receuant que 125 quarnes & demie,
& 2 s. 4 d. ou 194 escus pistolets; de pistolet,
ou 186 escus & 2 tiers d'escu, se recognoist
notoirement comment depuis 78 ans, les
François ont donné & donnent prodigale-
ment leur bien à l'aduantage des estrangers,
& contre ceste vieille & ancienne loy, qu'il
est loisible d'extorquer l'or & l'argent des

D

Barbares, loy qui s'eſt practiquée depuis 122.
ans en toutes les Indes Orientales & Occi-
dentales, & ſe practique encores à preſent en
ces pays plus que iamais.

Le mauuais ordre qui eſt aux monnoyes
de France n'eſt pas moins aduantageux aux
eſtrangers que d'vn milion d'or par chacun
an : & nul ne peut ignorer que depuis l'an
1602. celuy qui auoit 1500 l. de rente ou gages dót il receuoit 500 eſcus par an, & à preſent n'en receuant que 400 eſcus, ne reco-
gnoiſſe qu'il eſt moins riche d'vn cinquieſ-
me de ſon reuenu par ces deſreglements.

Le Gentilhomme qui voyage, ou qui a ſes
enfants hors le Royaume, & le marchand
qui negocie hors iceluy ; l'Eccleſiaſtique
qui a affaire en Cour de Rome, peuuent rendre teſmoignage de la perte qu'ils reçoiuent
pour les grands fraiz de change qu'ils payét
pour raiſon de tel ſurhauſſement, n'ayant
les Princes eſtrangers vſé de ce remede, pour
regler les deſordres qui ſuruiennent en leurs
monnoyes, au contraire chaſtient exemplairement les courátiers, proxenettes & billonneurs, inſtruments de tels larrecins, banniſ-

fant auffi toft les monnoyes des Princes leurs
voifins, ainfi que les republiques de Gennes
Lucques feirent au mois de Decembre 1616.
ayants tres-eftroictement defcrié & deffen-
du le cours des efcus fimples, doubles & qua-
druples piftolets, lors fabriquez au Duché
de Mantouë, où le Duc eft reprefenté en
l'vn des reuers de fes monnoyes en habit de
Cardinal, & en l'autre deux Anges à ge-
noux, tenant vn tabernacle, pour eftre ces
nouueaux efcus de moindre loy & plus foibles que ceux que les Ducs fes predeceffeurs
faifoient fabriquer : & pareille ordonnãce a
fait publier le Roy d'Efpagne à Naples fur
les defordres de ces monnoyes le 21. Mars
1617. & nouuellement à Millan le 8. Feurier
1618. en confideration de la nouuelle efpece
de monnoye d'argent fabriquée par le Duc
de Sauoye de moindre loy & taille que celle
qu'il faifoit fabriquer és annees 1616. & 1617.
puniffant de trois ans de gallere les billonneurs & porteurs d'efpeces eftrangeres en fes
Eftats, laquelle nouuelle efpece de monnoye d'argent, approchant par fa forme à la
piece de 10 f. & 8 d. de France, commence à

auoir cours dans le Royaume, & à present
les Legats du Pape en font fabriquer en Auignon & Carpentras de plus foibles en poids
& de moindre loy.

Ce moyen d'augmenter le prix du marc &
espece d'or & d'argent a esté trop aduantageux aux Roys, Princes, & Seigneurs, desquels les terres sont sterilles, lesquels pour
peu d'or & d'argent enleuent les bons ali-
mens des Princes leurs voisins, & estoit à
propos reje[c]ter ce remede.

Pour preuenir les causes de tels desordres,
il est tres-vtile l'empescher l'exposition des
monnoyes estrangeres d'or, argent, billon,
cuiure, & reprimer & retrancher la liberté
de plusieurs seigneurs, suiuant la Cour du
Roy, lesquels soubs pretexte de quelque pe-
tite principauté que les Roys leur ont donné, ou le moyen de les achepter par leur libe-
ralité, où ils font battre monnoyes foibles en
poix & loy des matieres qu'ils tirent du
Royaume, pour les rejetter en France, apres
auoir transubstancié l'or & l'argent de France en cuiure.

Aucuns desquels ont fait fabriquer des pi-

ſtolets, dans leſquels y a vn quart de cuiure :
& en l'vne de ces principautez ſe frappe mónoye de la forme du quart d'eſcu, ou piece
de 16 ſ. qui ne vaut 6 ſ. piece, dans leſquels y
a plus de moitié de cuiure : & en ceſte meſme principauté, & en trois autres dans l'eſté-
duë du Royaume ſe fabriquent douzains,
dans leſquels y a 5 ſixieſmes de cuiures, deſquels 7 l. 10 ſ. ne valent l'eſcu ſol, ſ'expoſant
continuellement comme ceux du Roy.

L'introduction de ces deux eſpeces cau-
ſeront le refus des bons quarts d'eſcus, & de
ce qui reſte des bons douzains, ſ'il n'y eſt
pourueu : ainſi que l'introduction des doubles ſols Pariſis, appelez pignatelles, contrefaites ſoubs la forme des pieces de ſix blancs,
fabriquees du regne de Henry II. & III. &
de Charles IX. ont fait refuſer & porter au
billon les bonnes, n'ayant le peuple aſſez
d'experience pour diſcerner par la lecture
de la legende & milezienne la bonne monnoye de la fauſſe & ſuppoſee.

Nouuellement en l'vne de ces principautez, nonobſtant les deffences de la Cour du
4. Iuillet 1616. l'on fait continuer vne fabri-

quation de liards, defquels 7 l. ne valent l'efcu d'or, laquelle fabriquation de liards, fi elle
eft continuee, il faudra retomber au mal du
furhauffement de la monnoye d'or & d'argent, n'eftant raifonnable de donner les fortes & precieufes monnoyes, pour de mau-
uaifes & de cuiure : & pour combler la France de pauureté, fans aucun aduantage au
Roy & au public, fe continuë la fabriquatió
de doubles & deniers de cuiure, dont 9 l. 1 5
f. ne payent la bonté de l'efcu d'or : & fi les
Maires & Efcheuins de la ville de Lyon di-
fent verité, comme il eft à croire, qu'ils font
1 1 l. 5 f. de doubles & deniers de cuiure ne
payent la bonté de l'efcu d'or, & y a difpari-
té trop grande au change des efpeces d'argent en doubles & deniers de cuiure.

Cefte verité pourra eftre odieufe aux en-
trepreneurs des doubles & deniers de cuiure, mais le remuage du tallant me porte à
cefte verité, bien qu'elle engendre haine :
mais il eft ennuyeux de voir ainfi rapiner fa
patrie fouz faux pretexte, & fouuét de charité: & pourra eftre que le temps fufcitera perfonne à qui la conferuation des biens de la

France sera agreable, & causera apres tant de desordres aux monnoyes quelque meilleur & parfait reiglement.

L'estranger qui commerce dans la France, en ayant receu, recherche la forte monnoye d'or & d'argent du Royaume par augmentation de son prix, pour continuer son negoce; & pour se garder de perte, augmête le prix de sa marchandise, & 7 l. en liards faits à Treuol ne payent la bonté de l'escu, & les Receueurs Collecteurs des tailles, aydes & gabelles n'en reçoiuent du peuple : le plus pauure porte la perte, les Hospitaux, fabriques, Marguilleries, rectoreries des Parroisses, & tous les Mandiens, en receuront le dommage.

Pour entendre d'où procede l'alteration & moindre valeur des nouuelles monnoyes, il est bon de sçauoir quels estoient les premiers reglements des monnoyes, & commêt elles ont esté desreglees depuis la nouuelle taille, alleage & introduction des doubles, sols Parisis & douzains, dans lesquels il y a aux vns les deux tiers, aux autres les trois quarts de cuiure, & la deffectuosité de la piece de 20 & 15 ſ. & leurs diminutions dés leur introduction, & quelles eſtoient les anciennes loix & ordonnances du Royaume en la fabrication des monnoyes, & quelle eſtoit la traitte, braſſage, & droiƈt de ſeigneuriage.

Que l'on faſſe monnoye d'or à 23 karats, & rendra-on au marchand d'vn marc d'or fin, vn marc d'or ouuré, & monnoyé à ladite loy de 23 karats.

Que l'on faſſe monnoye d'argent à 11 d. 12 grains, & rendra-on au marchand d'vn marc d'argent de 12 d. de fin, vn marc d'argent ouuré, & monnoyé de loy à 11 d. 12 gr.

En ce temps la monnoye d'or eſtoit de pareille loy & bonté que les eſcus, & eſtoient payez d'argent en pareil degré de bonté à 11 d. 12 gr. en proportion douzieſme, & valoit le change d'argent autant que l'eſpece d'or: & qui euſt introduit le ſurhauſſement, & baillé de l'eſpece d'or plus d'argent en ſon change, que le prix porté par les ordonnances, euſt perdu & baillé matiere plus precieuſe que celle qu'il receuoit; & lors l'or & l'argent en œuure & hors d'œuure valoient en leur fin autant vne piece que l'autre, ſoit d'or

ou

ou d'argent : & en cest ordre gist toute sorte
de parfaict reglement des monnoyes, moy-
ennant que la porte soit continuellement
fermee à la monnoye estrangere, & au resta-
blissement de la monnoye de billon, estant
la liaison du cuiure, la corruption & la ruine
des precieux metaux d'or & argent, & le dé-
reglement des bonnes & fortes monnoyes,
& qui leur fait perdre ses beaux noms &
qualitez d'estre le prix de tout ce qui est en
la terre, & leur valeur amoindrit, d'autant
qu'ils sont alterez, & sont appelez par mes-
pris billon.

Par ceste loy n'y auoit monnoye d'argent
de differéd tiltre, mais vn seul la traitte, brassage , & droict de seigneuriage des marcs
d'or & d'argent en œuure, estoit la vingt-
quatriesme partie du fin sur chacun marc
d'or & d'argent ouuré & monnoyé, & lors
valoit autant le change de l'escu ou piece
d'or, que la chose eschangee : ce qui ne s'est
peu dire depuis 1575. & est la principale raison du surhaussement de la forte monnoye
du Royaume, pour la moindre valeur des
quarts d'escus, pieces de 20 s. doubles & sim-

E

ples, fols Parifis & douzains, introduits en
l'an 1575. & depuis continuee, qui payent la
monnoye d'or & d'argent.

Les Roys d'Efpagne & Angleterre, qui
communiquér dans le Royaume, n'en vfent
ainfi, & n'y a difference entre le prix ou valeur du fin de l'efpece d'or au change des
monnoyes d'argent d'Efpagne & Angleterre.

Depuis les premiers reglements des monnoyes d'Efpagne, & introduction des reales
& piftolets, n'y a eu changement au tiltre,
taille & braffage des monnoyes : & pour
quelque pretexte d'amitié, alliance, ou paix
qu'ayent les Roys d'Efpagne auec tous les
Princes de la terre, ne permet leurs monnoyes auoir cours en fes Royaumes : & en
toutes fes loix anciennes & nouuelles, il rei-
tere les mefmes deffences, qu'il fait eftroicte-
ment obferuer ; il promet bien à l'exemple
de fes predeceffeurs (comme par vne table
d'attete) d'y pouruoir apres qu'il en aura deliberé en fon Confeil ; mais ne permet en
eftre deliberé, & ne l'ordonne.

Les matieres dont font composées les

monnoyes, ſont l'or, argent & cuiure, & les
meilleurs Roys ont eſté ceux qui ont fait
frapper leurs monnoyes de ſes matieres les
plus pures: & autant qu'il y a de diuerſes
monnoyes, autant il y a de differends tiltres,
alleages & taille, par la conference deſquels,
les vnes auec les autres, comme de France à
celles d'Eſpagne & Angleterre, ſe recognoiſtra ſi l'or paye l'argent, ou ſi l'argent paye
l'or: ſi les eſpeces d'or & d'argent d'Eſpagne, & autres Royaumes, ſont égales de pareil poids & de pareille valeur, quelle traitte,
braſſage, ou droiét de ſeigneuriage, le Roy
d'Eſpagne leue ou prend ſur ſes monnoyes,
comme auſſi le Roy d'Angleterre, & la Republique de Veniſe. S'il eſt moindre ou plus
grand, ou égal au ſeigneuriage que le Roy
leue ſur les ſiennes, ou s'il approche à celuy
qui ſe leuoit entierement en France plus
grand ou moindre: & ſi l'ordre que ſes Roys
& Republiques tiennent en leurs polices des
monnoyes, empeſche le ſurhauſſement de la
monnoye d'or par l'argēt, & de la monnoye
d'argent par la monnoye d'or, n'ayant les
Roys d'Eſpagne, Angleterre & Republique

E ij

par ſi belle & ſi parfaiĉte police,aucun inte-
reſt en tous leurs Royaumes,au tranſport de
leurs monnoyes,& moins le Roy d'Eſpagne
en ſa monnoye d'or: apres en auoir leué la
traitte,auſſi en permet-il le tranſport en toute liberté,moyennant que l'on luy porte des
aliments pour la nourriture de ſes peuples,
& iamais pour marchandiſe de luxe.

Son ordre eſt tel,que ſans aucune violen-
ce il rend contribuables toutes nations aux
fraiz,dépens & profits qu'il tire ſur ſes monnoyes d'or,dont la France en paye plus que
les autres,par le meſpris du tranſport de ſes
biens,& les plus precieux que la terre pro-
duiĉt,pour la deſordonnee faim de l'or &
argent,deſquels les hommes ne ſçauroient
viure vne ſeule iournee:& pour ce que deſ-
ſus bien entendre,ne ſera hors de propos repreſenter le poids du marc & partition d'i-
celuy,ſelon l'vſage de France & d'Eſpagne,
& des nations qui negocient en France,Fla-
mands,Anglois,Allemands,Italiens, meſme
la diuerſité qui ſe trouue en pluſieurs villes
de France entre leurs poids.

Tous les peuples des Prouinces,Princi-

pautez, & Republiques de l'Europe, vſent
de pareils mots, liure, marc, once, octaue,
dragme, denier, ſcrupulle, treizeau, dizeau,
tomin, felin, eſtelin, maille, as, & grain, karat
d'or, & denier d'argent fin, les vns & les autres neantmoins grandement differends, &
celuy d'Eſpagne ſemble en apparence eſtre
égal au poids de France, comme pluſieurs
autres, excepté ceux de Geneue, Baſle, Berne, Francfort, & Neuremberg, qui ſont plus
forts que celuy de France, & celuy de Geneue plus fort que tous les autres.

Sept onces 2 d. 21 g. $\frac{1}{24}$ de grain, poids de
Geneue poiſe la demie liure au poids du
marc de Paris, Beſançon, & Straſbourg.

Baſle, Berne, Francfort, & Neuremberg
ont leurs poids égaux, & 7 onces 20 d. 23 g.
$\frac{11}{24}$ de grain de ſes Prouinces poiſent le marc
de Paris, Straſbourg & Beſançon.

Paris, Straſbourg & Beſançon ont leurs
poids égaux, & 7 onc. 17 d. 14 g. $\frac{1}{7}$ de gr. de
ſes Prouinces poiſe le marc, ou demie liure,
poids du Vicomté de Roüen.

Sept onces 22 d. 12 g. $\frac{18}{101}$ de gr. poids de
Paris poiſe le poids du marc ou demie liure

de Bourg en Bresse.

Sept onces 2 d. 16 g. poids du marc de Paris, Besançon & Strasbourg poise le marc ou demie liure de Rome.

Six onces 19 d. 12 g. $\frac{11}{19}$ de grain, poids, ou demie liure de Paris poise la demie liure de Lyon.

Sept onces 3 d. 9 g. $\frac{11}{101}$ de grain, poids du marc ou demie liure de Paris poise la demie liure de Montpellier & Auignon.

Six onces 16 d. 3 g. bien peu moins, poids du marc de Paris poise la demie liure de Tholoze.

Cinq onces 5 d. 16 g. $\frac{10}{155}$ de grains poids du marc de Paris poise la demie liure de Piedmont, Milan, & Gennes.

Six onces 12 d. 2 g. $\frac{10}{15}$ de gr. poids du marc de Paris poise la demie liure de Marseille & de la Rochelle.

Sept onces 13 d. 23 g. $\frac{16}{11}$ de grain du marc de Paris poise la demie liure de Anuers.

Sept onces 7 d. viii g. $\frac{17}{15}$ de grain poids du marc de Paris poise la demie liure ou marc de Londre.

Quatre onces 20 d. poids de Paris poise

la demie liure, poids subtil de Veniſe.

La diuerſité des poids des villes de France, bien que tres-grande & par trop differē-te, n'eſt point en vſage, où il ſe traicte par tout le Royaume du traffic ou commerce d'or & argent en maſſe, ou en ouurage d'or-févrerie, ſinon par des pipeurs ou affron-teurs qui acheptent au poids fort, & vendēt au poids subtil : c'eſt pourquoy l'ordōnan-ce veut que les Orfévres & Ioailliers baillent aux achepteurs vn bordereau, cōtenant la qualité & quātité des ouurages d'or & d'ar-gent, par eux vendus ; & ſeroit tres-vtile en vn Eſtat, qu'il n'y euſt qu'vn ſeul poids, & vne égale meſure, & que les meſures réuin-ſent au poids, & les poids aux meſures des marchandiſes qui ſe peuuent nettement pe-ſer & meſurer, comme les grains, ſel, plaſtre, draps de laine & de ſoye, & autres ſortes de marchandiſes ; les autres qui ſont difficiles, comme de bois, pouruoir à la longueur & groſſeur.

Les Roys d'Eſpagne ont policé & reglé la diuerſité de leurs poids dés l'an 1386. & y a vn Officier en Eſpagne, lequel de trois ans

en trois ans, visite tous les poids qu'il fait
changer, s'ils se trouuent diminuez ou alterez, & chastient exemplairement ceux qui
en vsent & vendent à faux poids : Et du regne de Henry II. Nicolas de Coquerel, Marchand honnorable de la ville de Paris, homme de bien, & de biens, feust employé à semblable reformatió, discontinuee par la mort
du Roy : & n'y a point de doubte qu'en la
la vente des soyes & drogueries l'on vse en
France de poids differends : & en la vente du
sel il y a de merueilleux deschets, & diuerses
formes de mesurage, où le peuple reçoit
grand perte, & y a peu de tributs, ny de Messieurs Miron & de Grieux qui deffendent
son droict, lesquels ie nomme par honneur,
pour auoir tres-dignement exercé telle
charge.

L'ordre & police au mesurage du sel en la
Gabelle de Paris est tresbon, si le sel estoit
sec, ou salorgé : il se jette à plomb au minot,
non par deschargement de la pelle, que les
Gascons & Prouençaux appellent volte pa-
luë : si la mesure reuenoit au poids, & le poids
à la mesure, le peuple ne receuroit tant de
dom-

mage comme il fait ; & n'y a qu'aux gabelles de deçà loire où l'on vse de ceste premie-
re forme, & aux salins de Broüage, Pecquais,
Narbonne, Sizen & Periac, & plus aduanta-
geusement au profit du marchand fournis-
seur, attendu la qualité de la marchandise,
qui n'est qu'eau : Ceste disgression, bien que
hors du subjet, ne pourroit nuire à qui vou-
droit establir vne parfaicte police aux poids
& mesures, & les rendre en tous lieux du
Royaume, & en toutes marchandises égales,
& en bannir les fraudes, dont se sçauent tres-
bien ayder les mauuais regrattiers, & mauuais meusniers.

Ce que nous auons sommairement repre-
senté les poids de plusieurs Prouinces, suffi-
ra pour la reduction de celuy de France, autrement il conuiendroit faire vn opusculle à
part & separé : & ce que nous l'auons repre-
senté, a esté pour ne tomber en l'erreur d'vn
autheur moderne, lequel pour n'auoir co-
gnu la diuersité des poids, n'a iustement rapporté la taille & reduction du fin des monnoyes des Prouinces & Royaumes, dont il a
parlé.

F

Ce qui empefche la parfaicte reduction des monnoyes modernes d'or & d'argent aux anciennes, eft qu'il ne fe trouue autheur qui aye rapporté le fin & poids des monnoyes, chacune felon fon efpece, de temps en temps: quelques-vns ont bien dict, que 20.15.14.13. & vn tiers, 12.11. & demy, 7. & 4. pefant d'argent, acheptoient vn marc d'or; & peu ou point ont rapporté & reprefenté parfaictement le fin poids, prix & taille des monnoyes, annee par annee.

La cognoiffance de la pureté des metaux & monnoyes, leur taille & poids, n'eft chofe commune, vulgaire, ny triuiallé: le defir & defordonné appetit d'en auoir eft bien commun à tous, tant vieils que ieunes, riches & pauures, mondains & reclus; mais peu fe foucient fi la monnoye eft bonne, & fi celle qui court & qui a cours eft bonne & loyale, & de fon iufte poids & fin, bien que le poids ne foit moins neceffaire que la forme; & fans fon poids la matiere luy defaut à la conferuation de la Iuftice, qui doit eftre renduë à chacun, pour le prix de la conuention de tout ce qui fe vend & debite à prix d'ar-

gent; & les Empereurs & Roys ont puny
de mort les rongneurs, comme les faux mó-
noyeurs : Et d'autant que sommairement a
esté parlé des poids differends de plusieurs
Prouinces, ne faut oublier celuy d'Espagne,
Royaume qui jette & donne en contr'es-
change des marchandises Françoises, plus a-
bondamment l'or & l'argent, que toutes les
autres Prouinces & Royaumes de toute la
terre qui negocient dans la France.

PARTITION DE LA LIVRE DE FRANCE.	PARTITION DE LA LIVRE D'ESPAGNE.
LA liure contient deux marcs.	LA liure pese deux marcs.
Le marc 8 onces.	Le marc 8 onces.
L'once 8 gros.	L'once 8 octaues.
Le gros 3 deniers.	L'octaue 6 tomins.
Le denier 24 grains.	Le tomin 12 grains.
Autre partition du mesme marc.	*Autre partition du mesme marc.*
Le marc 8 onces.	Le marc pese 8 onces
L'once 20 estelins.	L'once 4 quartes.

L'eſtelin 2 mailles. | La quarte 4 ardernes
La maille 2 felins. | L'ardene 2 peſantes.
Le felin 7 gr.½ de gr. | Le peſant 18 grains.

Le marc entier de ces deux Royaumes en l'vne & l'autre partition, ſe diuiſe en 4608 gr.

Il n'y a rien au ſon de ſes nombres ioincts par addition de diſſemblance, ſinon que l'Eſpagnol n'vſe du mot de gros, ny du poids de denier, bien que ce poids & l'vſage d'iceluy ſoit tres-ancien, prouenu de dix, la fin & periode de tous les nombres, & les premieres monnoyes ne valoient que 10 d. & l'on vſe de ce mot en quatre diuerſes ſignifications pour la parfaicte intelligence des metaux & monnoyes, denier de loy, denier de monnoye, denier de poids, & denier tournois.

Ce mot de denier n'eſt prattiqué en Eſpagne, ſinon lors que l'on parle de la loy & tiltre des monnoyes, & du marc d'argent fin, lequel eſt de 12 d. & ſe diuiſe en 288 gr. & le denier peſé, & ſe diuiſe en 24 gr. ainſi que celuy de France, lors que l'on parle de l'argent fin : mais l'Eſpagnol en la partition du poids de marc, au lieu de denier vſe du mot

de tomin, qui pese 12 g. & 2 tomins 24 g. &
au lieu de gros qui pese 3 d. ou 72 g. il vse du
mot d'octaue, & pese 6 tomins, ou 72 gr.
mais les 4608 g. que pese chacun des marcs
de France & d'Espagne se trouuent differends en ce que 4288 gr. poids de France
sont aussi forts, & pesent les 4608 g. d'Espagne, qui est 13 d. 8 g. de foiblage pour marc.

Telle diuersité de poids & foiblage se recognoist en la taille de la monnoye d'or &
argent, selon les loix & ordonnances d'Espagne, par lesquelles il est dit, que le marc d'argent de loy à 11 d. 4 g. sera taillé en 67 realles
simples, la piece du poids de 68 gr. 52,67 de
grain, le fin duquel marc vaudra 65 realles,
ou 2210 maranedis, & s'exposera pour 2278
maranedis, qui est 68 maranedis de traitte
pour marc, & le marc d'Espagne fortifié à
l'égal de celuy de France 73 maranedis, qui
valent monnoye de France, enuiron 11 sols.

Que du marc d'or de loy à 22 karats, serót
taillez 68 pistolets, la piece du poids de 67 g.
52,68 de grain, qui auront cours pour 440
maranedis piece le fin, duquel marc par l'ordonnáce d'Espagne de l'an 1612. vault 28800

maranedis,ou 847 realles fimples,2 maraned.
& s'expofent pour 29980 maranedis,ou 880
realles fimples,qui eft de traitte pour marc,à
raifon du poids d'Efpagne 1120 maranedis,
qui valent 32 realles,32 maranedis,& le marc
d'Efpagne qui eft foible,fortifié à l'égál de
celuy de Fráce,eft de traitte pour marc 1202
maranedis $\frac{14}{63}$ de maranedis, ou 35 realles 12
maranedis $\frac{14}{68}$ de maranedis,qui valent monnoye de France 9 l. 8 f. 5 d. & le mefme Roy
d'Efpagne leue en fes monnoyes de Milan
fur chacun marc d'or 21 l. 3 d. $\frac{10}{17}$ de deniers,
monnoye de Milan,qui valent monnoye de
France 3 efcus $\frac{1}{2}$ d'efcus,& le Roy d'Angleterre vn Iacobus pour marc d'or,& la pieufe
& preuoyante Republique & feigneurie de
Venife vn feiziefme.

Seroit à defirer que la traitte,braffage &
droiὃt de feigneuriage du marc d'or & argent,& la taille des monnoyes qui fe fabriquent és Royaumes d'Efpagne,de Naples,
& Duché de Milan & Angleterre,& autrés
Royaumes,Principautez & feigneuries qui
commercent & communiquent en France,
feuffent confiderées par Noffeigneurs du

Conseil, & se vouloir donner loisir de voir
la diuersité & contrarieté qui est en la taille
du marc d'or & d'argent des monnoyes, in-
troduictes par l'Edict de 1575. & 1577. que
furent introduits les francs quarts d'escus, &
leurs diminutions, & la taille des escus sol cō-
tinuée, pour apres donner leur iugement sur
les esloges que l'on a prononcez, & que l'on
prononce en faueur de l'Edict de l'an 1577.
& suiuans, qui n'ont esté qu'à l'aduantage
des estrangers & des billonneurs, ainsi que
par le ject & la plume ils le pourroient parfaictement recognoistre.

Alors iugeroient si le marc d'or & d'argent de France est employé en la taille des
monnoyes qui ont cours, comme celuy
d'Espagne en soixante & sept realles, & en
soixante & huict pistolets pour marc, ne
differant l'espece d'or en son poids à celle
d'argent que d'vn grain pour piece, qui fait
vn denier de monnoye pour chacun marc
d'or ouuré, & bien considerer le seigneuriage, traicte, & brasage que le Roy d'Espagne leue sur chacun marc d'or, assauoir en
Espagne pour marc reduict au poids de

France,35 realles 12 maranedis,qui eſt pres
de dix-huict fois autant ſur vn marc d'or
que ſur vn marc d'argent : & en ſon Duché
de Milan,21 l. 3 d. monnoye de Milan, qui
valent monnoye de France trois eſcus ⅗
d'eſcu, les Venitiens quatre cequins & vn
quart,qui eſt beaucoup plus,& le Roy ne
leue ſur marc d'eſcus ſol ouurez,que 5 l.2 ſ.
11 d. vn quart de denier, partant moins
que le Roy d'Eſpagne en Eſpagne de 4 l. 6
ſ. pour marc, & que le Roy d'Angleterre
pres de 6 l. pour marc, & la ſeigneurie de
Veniſe, pres de 8 l. monnoye de France,
pour lequel deffault (contre l'vſage des
vieilles loix du Royaume) prouient tout
le ſubject du ſurhauſſemét de la monnoye
d'or par la monnoye d'argent de France,
lequel dommage n'arriueroit ſi l'ancienne
traitte ſe leuoit ſur la monnoye d'or de
France:& ne ſe recognoiſt dans les chartres
de la Cour des monnoyes le ſubject de
l'abrogation de cet vſage; & ne ſe propoſe
aucune raiſon pertinente à l'empeſchemét
que l'on a donné au reſtabliſſement de tel
ordre,bien que de ceſte police ne peut ar-
riuer

riuer que beaucoup de bié, par l'enrichiſſe-
mẽt du Royaume, & ne l'obſeruant beaucoup de mal par l'appauuriſſement, ſinon
que l'on vueille authoriſer le ſurhauſſemẽt
de la mónoye d'or de France, ou bien auoir
agreable le tranſport de l'or & argent, lequel autremẽt ne ſe peut empeſcher pour
quelque loy ou ordonnáce que l'on puiſſe
faire, quand la mer & la terre des extremi-
tez du Royaume ſeroient bordées de Suiſ-
ſes & autres gardes.

L'inégalité du prix de l'eſcu ſol à ſon
cháge, ſe recognoiſt par la demonſtration
du fin de ſon eſpece, & de toute monnoye
du Royaume, qui ſe baille pour change en
eſpeces d'argent & billon depuis l'an 1575.
& 1577. que fut continuee la fabrication
des eſcus ſol à ſoixante ſols, le fin duquel
valoit cinquante huiɛt ſols huiɛt deniers,
pour lequel payer, furent introduiɛts les
francs ou liures d'argent, & leurs diminutions de loy à dix deniers, dont le fin eſtoit
moindre que du teſton de dix-huiɛt grains
trois quarts de grain, trois deſquels francs
payoient l'eſcu d'or, & le fin ne valoit que

cinquante-sept sols cinq deniers $\frac{8}{1}$ de denier: & peu apres furent faictes pieces de quinze sols, quatre desquelles changeoiét l'escu, & le fin n'en valoit que cinquante-sept sols deux deniers $\frac{12}{13}$ de denier: au mesme temps fut introduict la nouuelle taille & diminution du fin des douzains, dont soixante sols payoient l'escu, le fin desquels ne valoient que cinquante-deux sols sept deniers $\frac{16}{52}$ de denier, & vingt-quatre doubles sols Parisis, ou quarante-huict sols Parisis changeoient l'escu d'or de soixante sols, le fin desquels ne valoit que cinquante-quatre sols.

Qui considerera ceste inégale valeur par balances iustes, & cognoissance des metaux & monnoyes, recognoistra que le mépris de l'vsage & pratique des premieres loix des mónoyes, forme des alleages, taille, traicte, brasage, & droict de seigneuriage, a causé la perte de plus d'vn sixiesme de tous les biens qui se transportent hors le Royaume, laquelle perte continuera tant & si longuement que l'alleage, taille, traicte, brasage, & droict de seigneuriage qui

se pratique à present en la monnoye d'or
de France, sera continuée: laquelle alteration s'est accreuë par l'augmentation des
remedes au poids & en loy sur les pieces de
quinze sols, nouueaux doubles, sols Parisis,
& douzains plus foibles en poids & loy
que les anciés, la fabrication desquels doubles, & simples sols Parisis & douzains fut
legitimement interdicte dés l'an   &
le deuoit estre la fabrication des quarts
d'escus pour leur mauuaise taille, laquelle
bien cósiderée, cause la disparité entre l'or
& l'argent, & de l'argent à l'or.

Le marchand estranger qui commerce
dans la Fráce, cognoist toutes ces defectuo-
sitez & diuersitez qui sont entre la monnoye d'or & argent, & entre la monnoye
d'argent & billon: & se commence le desordre des monnoyes par le choix de la
monnoye qui est la plus forte en son fin,
quand les monnoyes ne sont également
taillées & alloyees, dont il apprend curieu-
sement la bonté & valeur intrinseque à la
conseruation de son bien.

Apres l'introduction de ces especes in-
G ij

égales & defectueuses,le furhauffement nē
commença fur la piece d'or,& ne fut tranf-
portée,d'autāt que le change de l'efcu d'or
en vieux douzains,valoit vn cinquiefme en
leur fin,plus que ce pourquoy ils eftoient
expofez,& tant & fi longuement que le
marchād billonneur,regnicole ou eftran-
ger a trouué des vieux douzains, il les a
tranfportez, ou ont efté fondus dans le
Royaume:& n'ayant le billonneur dequoy
continuer tel negoce, & ayant recogneu
que le fin de l'efcu eftoit meilleur que fon
change en trois pieces de vingt fols,quatre
quarts d'efcus, teftons, douzains,& doubles fols Parifis nouueaux,il a tranfporté
l'efcu fol, ou luy a furhauffé fon prix;ce
qu'il ne fçauroit faire,fi l'ancien ordre &
vfage des premieres loix & reglements des
monnoyes eftoient reftablies.

Cefte iniufte police ou mauuais reglements des monnoyes,& la permiffion de
l'expofition de la piftole pour fept liures
quatre fols,empefche le marchand François negotiant en Efpagne d'apporter
monnoye d'argent,& autres matieres d'or

que piſtolets,pour l'aduantage qu'il en reçoit : & eſt tres-certain que de la matiere
du piſtolet ne ſe peuuent fabriquer eſcus
au ſoleil ; que ſi l'on propoſe que depuis le
dernier Edict il s'en eſt faict,tels eſcus n'ót
eſté faicts de la matiere des piſtolets,& ne
s'en peut faire ſans grands fraiz.

L'art de billonneur eſt entretenu par les
loix modernes du Royaume,& par le dernier Edict plus aduantageuſement que par
les precedents : & à preſent le billonneur
glane par tout,& a le temps propre pour
raſſembler les matieres , ſoit l'or fin qui
vient de Barbarie,ou chaiſnes d'or,ou pieces d'or legeres,qu'il achepte dás leRoyau-
me à tres-vil prix,ayant eſgard à ce que l'or
ſoubs la forme des monnoyes d'Eſpagne,
eſt trop eſtimé par la permiſſion portée par
l'Edict de l'an 1614. qui faict achepter le
marc d'or de vingt-vn karat trois quarts
en ſimples,doubles & quatruples piſtolets
262 l.16. ſ. & quand le piſtolet d'Eſpagne a
cours du poids de 2.d. 14. g. 266.l. 8. ſ. &
beaucoup dauantage en piſtolets de Naples & Milan , & de toutes autres eſpeces

d'efcus d'Italie, Auignon, & Charpentras,
lefquels fe trouuent de loy à 21 Karat, qui
eft vn troifiefme que le François reçoit de
perte pour marc d'or : & ainfi par cefte
mauuaife police la France perd fon bien
fouz l'authorité de fes loix, qui eft perte de
pres d'vn treziefme pour marc de tout l'or
qui entre de ces Principautez & feigneuries
en France.

L'introduction de la groffe & forte monnoye d'argent des teftons fut eftablie en
Auril 1513. du temps de Louïs XII, à la taille de deux fols vn denier obolle au marc la
piece du poids de 7 d. 12 g. & luy fut donné
cours pour dix fols, dont furent faicts demy teftons : mais deflors fe pouuoient fabriquer des quarts de refton ou doubles
fols parifis de pareil tiltre du poids d'vn
denier vingt & vn grain, ou de quarante-
cinq grains, qui eftoit poids plus fort de
treize grains pour piece que le demy real
d'Efpagne , qui ne pefe que trente-deux
grains, ou du chelin d'Angleterre, qui ne
pefe que vingt-huict grains, & fe pouuoiét
faire fimples fols parifis, du poids devingt

deux grains & demy, poids beaucoup plus
fort que le quart de la reale simple d'Espagne, qui ne pese que 16. g. ou des pieces de
10 de. du poids de 15 gr. & ainsi toute la
monnoye auroit esté & seroit d'argent de
pareil degré & bonté, depuis ce temps iufques en l'an 1577. la fabrication des testons
auroit esté continuée, & l'introduction &
vsage du billon, qu'il n'estoit necessaire
restablir, pour la raison & demonstration
cy-deuant faicte.

Depuis ce temps, les monnoyes de billon
ont esté trop licentieusement continuées,
& les fortes mal taillées, auec trop grands
remedes au poids : pour lesquelles augmé-
tations de remedes, sont prouenus les tráf-
ports des bonnes & fortes, & le surhaussement des monnoyes les vnes par les autres
pour leur inégalité & non valeur, & n'y a
que l'égalité de la monnoye d'or à l'argent
& de l'argent à l'or, qui puisse conseruer les
richesses d'vn Royaume.

Les autheurs de ces derniers Edicts, in-
troduisans diuerses especes de monnoye
de differente loy, ont failly la piece de 20.

ſà 10 den.& le quart d'eſcu à 11 d.de fin,&
deux eſpeces de billon, l'vne de doubles
ſols pariſis à 4 d.d'argent le Roy,l'autre de
douzains à 3 den. auſſi d'argent le Roy,&
moindres que les precedents:& routes ces
eſpeces d'argent& billon mal proportionnées,ne payent en leur bonté la valeur de
ce qu'elles changent, mal taillées, & pire-
ment proportionnées : & pour mieux voir
la negligence de ceux qui introduirent en
l'an 1575. la piece de 20 ſ. du poids d'vnze
deniers vn grain,dont furent faites pieces
de 10 ſ.& 5 ſ. ſe pouuoient pareillement faire huiƈtiémes ou doubles ſols pariſis, du
poids d'vn denier neuf gr. & vn huiƈtiéme
de grain,poids plus fort que le demy real
d'Eſpagne d'vn grain vn huiƈtiéme de gr.
& que le demy chelin d'Angleterre de 3 gr.
& vn huiƈtiéme de gr.qui auroit eu cours
pour 2 ſ.6 d.& ſe pouuoient auſſi faire ſols
pariſis du poids de 16 g. & demy,ſans eſta-
blir l'vſage de la monnoye de billon.

Et ne ſe recognoiſt raiſon pertinente de
l'interdiƈtion de la fabrication des reſtons,
bonne & forte monnoye pour introduire

la

la piece de 20 ſ. & ſes diminutions de moindre loy. Pourquoy introduire la fabriquation & vſage des doubles ſols Pariſis de billon, puiſque en la taille des pieces de 20 ſ.l'on
pouuoit faire doubles & ſimples ſols Pariſis
d'argent? pourquoy diuerſité de fin, puiſque
l'on pouuoit du tiltre du quart d'eſcu faire
piece de 20 ſ. de 10 ſ. de 5 ſ. & doubles ſols
Pariſis? il euſt eſté plus à propos continuer la
fabriquation des teſtons bien taillez, & auſ-
quels le marc eſt & eſtoit entierement employé, le fin de l'argent (qui eſt le prix des richeſſes vniuerſelles du Royaume) ſe fuſt
mieux conſerué, & l'argent plus pur qu'il ne
l'a eſté par l'introduction de la piece de 20 ſ.
à 10 d. de loy, dans leſquelles il y a vn ſixieſ-
me de cuiure; & ne ſeroit mal fait de repren-
dre ce tiltre pour la diminution faite par le
Roy d'Eſpagne du tiltre de ſes realles, depuis
l'an 1599. de 4 & 5 gr. fin pour marc en ſes
monnoyes de Tolede, Grenade, Sagouie,
Mexique, & au Perou, & ſeroit tres-vtile diminuer le prix du marc d'or & argent en
France, d'autant qu'ils ont eſté augmentez
depuis l'an 1602. & reduire le prix du marc

d'argent le Roy à 19 l. & le marc d'or à 237 l. 18 ſ. 3 d. & fabriquer toutes les monnoyes ſolides & parfaiĉtes en bonté, payant l'or l'argent, & l'argent l'or, ſans choix, ny ſubjeĉt du triage, lors la France s'enrichiroit, & les reuenus du Roy & de ſes ſubjeĉts ne diminueroient, pour enrichir les eſtrangers, & ſouuent ſes ennemis.

A telles pertes y a beaucoup ſeruy & ſert la liberté d'expoſer les monnoyes eſtrangeres, & celles du Royaume legeres & rongnées, & de permettre aux courtoiſans de faire battre monnoye dedans & és enuirons du Royaume, où ils n'ont imité les Princes d'Italie en l'alteration des monnoyes d'or & argent, mais les ont faites moindres à 17 & 18 karats, & les pieces d'argent à 6 & 5 deniers de loy.

En l'an 1570. n'y auoit aucun Prince dans & proche l'eſtenduë du Royaume, qui euſt ſeigneurie eſtablie en ſouueraineté, en laquelle il peut frapper monnoye d'or ou argent.

La plainte que l'on fait qu'il n'y a abondance d'or & argent en France, pour les

grands biens qu'elle produict, ne vient d'ailleurs que du prix exceſſif donné à l'or & l'argent ; & moins l'on les eſtimeroit, plus il en
entreroit, & en demeureroit dauantage dans
le Royaume.

Autrefois il y a eu des deſordres & con-
fuſions aux monnoyes, pour le ſurhauſſement du prix du marc d'or & d'argent, à la
conſeruation du Royaume, contre ceux qui
vouloient en chaſſer les François : mais apres
la paix, l'on reuenoit au prix ancien : & ne ſe
trouuera en l'hiſtoire, que hors la ſaiſon des
guerres vn ſi extraordinaire ſurhauſſement
ayt eſté fait en ſi peu de temps, comme celuy qui a eſté fait depuis 1602. & 1614. qui a
eſté de 56 l. 6 ſ. 6 d. pour marc d'or, & qui
continuë.

Les anciens François, apres les deſordres
des guerres, ne redoutoient la diminution
du prix donné alors à l'argent, cauſe pour la
conſeruation de la patrie, & croyoient que
l'augmentation du prix du marc d'or & argent, & des monnoyes eſtoit la diminution
de leurs richeſſes, comme veritablement elle
l'eſt : & qui reduiroit le prix du marc d'or &

argent au prix de l'ordonnance de 1540. enrichiroit grandement le Royaume : & qui
feroit ceſſer la vanité & luxe des ioyes, dia-
mans & perles en la ville de Paris, l'on verroit
la France regorger de richeſſes, l'Italie de
ſoyes pourries, l'Eſpagne de Perles, ou petits
caillous, & la Flandre de drappeaux & paſſe-
ments de fil, qu'ils vendent aux François au
poids de diamant, dont ils ne ſçauroient viure ; & la France abondante & remplie de
toutes ſortes de biens & viures, & grandement oppulante en toutes ſortes de fruicts,
que les eſtrangers viendroiét achepter auec
l'or & l'argent à la main, ſans aucun danger
de la mer, & à tel prix qu'il plairoit aux François ; le luxe eſt tel qu'il ſe peut verifier qu'il
y a plus d'Orſévres en France, qu'il n'y a de
potiers d'eſtain & de terre par tout le Royaume, bien que la matiere de ceux-cy ſoit
beaucoup plus abondante & commune que
l'autre.

Peu de perſonnes ont parfaicte cognoiſſance du faict des monnoyes & des experts,
les vns ont la Practique, les autres la Theori-
que, de ces derniers peu ſe ſçauent exprimer

sans vser d'autres termes que de l'art,dont
les Magistrats qui ont la souueraine authorité,se dégoustent,& souuent retirent leurs
yeux de la lecture des discours qui en parlét,
bien qu'ils ne puissent asseurer le fruict de
leur labeur,que par l'asseurance de la bonté
des monnoyes d'or & d'argent.

L'intelligence des termes des monnoyes
ne s'apprend que par l'vsage,qui a fait dire à
vn grand Iurisconsulte François,que la sciéce des monnoyes estoit grandement intri-
quée & pleine d'obscurité : mais qui consi-
derera le bien qui reuient au general & particulier du Royaume par la bonté des monnoyes mesprisera ces mots obscurs,d'autant
qu'en vn ample discours ils sont suiuammét
expliquez,& pour si maigre subject l'on ne
ne deuroit rejetter le fruict abondant & cer-
tain que la reformation d'vn mauuais ordre
des monnoyes en meilleur,apporteroit par
l'abondance de toutes sortes de biens qui
foisonnent où la monnoye est bonne &
loyale,certaine,& solide,ainsi qu'elle l'est en
Espagne, & parfaicte en Angleterre, pour
estre toutes les monnoyes & les plus petites,

ainſi que les plus fortes d'argent à 11 d. 2 gr.
de remede, & l'or à 22 karats, n'y ayant cours
ny miſe aucune eſpece de billon, ny de cuiure; mais meilleure & plus parfaite à Veniſe
pour eſtre le cequin d'or fin, & le ducaton &
ſainɗe Iuſtine d'argent le Roy.

Les premiers qui ont la cognoiſſance des
monnoyes par praɗique, s'entremettans à
prendre les fermes des monnoyes, ſont en
petit nombre : & contraɗant auec le Roy
ſoubs la rigueur des loix demeurent obligez
à l'entretenement de leurs baux, & à payer
le prix de leurs fermes, mais l'on leur manque
continuellement de garantie, tollerant le
cours des monnoyes de France legeres &
rongnées, & les tranſports des matieres d'or
& d'argent, & le cours des monnoyes d'or &
d'argent eſtrangeres qui entrêt dans la France, pourquoy il leur eſt impoſſible battre
monnoye d'or, pour n'auoir la France fait
monſtre entiere de ſes richeſſes ſoûterraines,
moins certaines que celles que la ſuperficie
de la terre Françoiſe produiɗ annuellement
& abondamment, & auec moins de trauail
& danger, & en biens & fruiɗs plus neceſ-

faires à la vie de ſes creatures que l'or & l'argent.

D'ailleurs, il eſt impoſſible de trauailler
en monnoye d'or, pour les grands fraiz qu'il
conuient faire, & le peu de braſſage dont
l'œuure d'or eſt chargé, qui n'eſt que d'vn 53
pour marc, ou 5 l. 2 ſ. 11 d. vn quart de denier,
dont l'on attribuë au fermier Maiſtre de
monnoye ſeulement 30 ſ. pour marc d'œuure, & ſur ceſte ſomme eſt chargé de payer
l'ouurier monnoyer & tailleur, & de ſouffrir
les priſes de l'eſſayeur à la fonte deuant l'ouurier, deuant le monnoyer, deuant les gardes & les peuilles, lors des deliurances, outre
les fraiz d'affiner l'or & argent, bas, & des
alleages, fontes, & tous deſchets & pertes de
cizailles, & tous autres fraiz & deſchets de
fonte & refonte, où l'ouurage n'eſt bien ouuré & monnoyé, & d'apporter en perſonne,
ou enuoyer par Procureur tous les ans ſes
boettes aſſiſter à l'ouuerture & iugement
d'icelles, & en fin de ſon bail rendre ſes comp-
tes à la Chambre à ſes deſpens.

Et n'eſt raiſonnable qu'vn fermier ſerue
le Roy & le public à ſes deſpens, le ſoldat qui

n'eſt payé de ſa ſolde eſt à charge au bourgeois,au payſan,& au peuple,& eſt tres-ne-
ceſſaire d'empeſcher les tranſports des rna-
tieres d'or & d'argent, & l'expoſition des
monnoyes eſtrangeres,& celles du Royaume legeres & rongnées,& exemplairement
chaſtier les tranſporteurs d'or & argent,&
ceux qui introduiſent les eſpeces eſtrangeres par punition corporelle,meſmes lesIuges
Royaux & Municipaux,leſquels au preiudice des Ediĉts des monnoyes,verifiez au Parlement de Paris,& en la Cour des monnoyes
empeſchent l'execution des Ediĉts du Roy,
& font publier leurs ordonnances du cours
& miſe des monnoyes eſtrangeres, deffen-
dât aux officiers particuliers des monnoyes,
Gardes,Procureur du Roy,& à tous Huiſ-
ſiers & Sergens d'informer de la contreuen-
tion aux Ediĉts des monnoyes,ſur grandes
peines & amendes , ainſi qu'il ſ'eſt fait au
mois de May 1617. en l'vne des Capitales villes du Royaume,& du reſſort du Parlement
de Paris,à tous leſquels deſordres il eſt grandemét neceſſaire de pouruoir,& empeſcher
la continuation de ſi grande perte que le
Royau-

Royaume souffre par le transport de ses biés payez en monnoye estrangere.

Est aussi besoing de remedier à vn monopole nouuellement introduit par les marchands, pour empescher qu'il n'entre or, ny argent en France des marchandises qui se portent vendre en Espagne, pour le payement desquelles il est permis de transporter l'or & l'argent monnoyé & non monnoyé, & le rapporter en France: bien que pour induire les marchands François & estrangers à l'apporter en France, les Roys leur ayent dóné vn vingt-quatriesme de profit sur l'argét qu'ils feroient apporter dans le Royaume, lequel droict & aduantage leur feust augmenté d'vn seiziesme, par le Roy Henry le Grand, par l'Edict de l'an 1602. neantmoins le marchád (insatiable du gain) au preiudice des loix & du bien public, a inuenté deux sortes de change, le premier qui croist ou descroist de temps en temps, selon que les monnoyes sont bien ou mal reglées, óu que les chemins sont dangereux à l'occasion des guerres, & que le commerce n'est libre, lequel change bien qu'vsuraire, neantmoins est tolleré.

I

L’autre feconde & nouuelle forte de chã-
ge eft tel, qu’ayant le marchand chargé des
marchandifes en France, & icelles heureufe-
ment conduites en Efpagne, Barbarie, ou
ailleurs, & venduës en deniers contans, ou en
or & argent, brut, barres, faumons, ou en lin-
gots, & ne trouuant en fes Royaumes marchandifes qu’ils appellent Latine, pour l’vfage de la France ils tournent leur bort, &
font voile en Flandre, où ils defchargent l’or
& l’argent qu’ils ont rapporté pour le prix
des marchandifes Françoifes, & le defpofi-
tent aux Ceques fondiques, ou banques des
Princes de fes pays, où ils vendent l’or & l’argent, à raifon de lexes, qui eft au prix de la
monnoye alterée, & font rapporter des marchandifes de ces lieux, dont le prix eft augmenté à raifon de l’alteration des monnoyes
de tels Princes, qui n’ont autre reuenu ou
domaine que le fang de leurs pauures fub-
jects, par furhauffement du marc d’or & argent, & diminution du fin des monnoyes
qu’ils font plus foibles en poids que les Roys
leurs voifins, & qualifient cefte forte de negoce changé d’argent en marchandife, dont

ils tirent profit de 50. pour 100. qui eſt vn
monopole & billonnement preiudiciable
au Roy & au public: & quatre marchands de
credit empeſcheront qu'il n'entrera en Frã-
ce que peu d'or & d'argent par la mer Ocea-
ne, & feront achepter aux François les marchandiſes, tant de luxe, qu'autres neceſſaires
au Royaume, à tel prix qu'ils voudront aux
François: Mais à ce mal, qui ſera tres-grãd, ſi
l'on n'y pouruoit promptement, il eſt aiſé
d'y remedier ſans Edict, & par Edict de faci-
le execution, & à peu de fraiz & deſpens. Il
ſe peut verifier qu'vn Prince voiſin de la
France depuis 20 ans a changé le tiltre, taille & forme de ſes monnoyes d'or & d'argent
28 fois, dont ſes ſubjects ont receu, reçoiuent, & receuront continuel dommage.

Il y a 9 ans paſſez que l'on propoſe la reformation des deſordres des monnoyes, tant
en la forme qu'en la matiere, & ſe ſont faites
pluſieurs aſſemblées, où toutes ſortes de perſonnes de differente qualité ont cognoiſſance des metaux & monnoyes, qui ont donné
leur aduis, & ont eſté veuz 18 traittes de la
maniere à les reformer, par aucuns deſquels

ont esté leuez les formes de monnoyes Grec-
ques & Romaines pour le relief des effigies
& beauté des caracteres, & l'impoſſibilité de
les imiter ou alterer pour la parfaicte forme
& matiere dont elles eſtoient composées,
eſtant impoſſible en vne parfaicte & vnifor-
me monnoye ſupoſer vn metail vil & abject
au lieu du fin: & ſe peut dire qu'auec la deca-
dance de l'Empire Romain la parfaicte bonté & beauté des monnoyes s'eſt perduë en
l'Europe, & n'y a point de doubte qu'en ce
ciecle n'y a perſonne qui puiſſe imiter l'ancienne fabriquation des monnoyes Grec-
ques ou Romaines, quelques excellents gra-
ueurs recognoiſsás la curioſité des amateurs
de la parfaicte antiquité, ont deſiré les imiter & contrefaire, mais il n'y ont peu parue-
nir.

De toutes les propoſitions qui ont esté
faites pour donner forme aux monnoyes
d'or, argent, billon, cuiure, ou fer, il ne s'en eſt
trouué de plus propre que la ronde, bié que
aucunes des monnoyes d'Arragon ſe trouuent auoir esté quarrées & d'autres, dont
parle Lucien, Longuettes, & ceux qui voya-

gent vers le Septentrion, en rapportent de longues, de quarrées, & en oualle d'or fin.

Apres tant d'aduis & propofitions de l'ordre à tenir en la reformation des monnoyes, l'on propofe vne machine, pour luy donner forme de l'inuention de Nicolas Briot, Tailleur & Graueur general des Monnoyes de France, homme tres-expert en fon art de graueur, & à purifier les metaux, pourquoy il eft à croire qu'il demeurera d'accord que le lingot qui eft porté & conduit par fà machine en fon couppoir, qu'il appelle laminoir, n'eft de forme ronde, mais en oualle, & ne s'eft veu ouurage fortir de cefte machine ronde, ny platte, au contraire tient de la forme d'onde, & en fon eftenduë d'oualle, qui font deux imperfections en la monnoye qu'il conuient corriger, s'y corriger & amãder peuuent eftre, d'autant que par le temps pour eftre fes quarrez en dome, comme les quarrez viendront à s'vfer l'imperfection de l'ouurage fera plus apparente & femblable aux jettons de cuiure que l'on apporte d'Allemagne, qui fe fabriquent en femblable machine : ce qui ne fe peut dire de la monnoye

faite au moulin, ayant toutes les efpeces,
mónoyées au moulin en l'vn & en l'autre reuers leur champ poly, le guy, abort, ou cor-
don en leur circonference, & tous les differends de la ville du Maiftre, Tailleur, particulier & milleziefme en toute perfection, &
la rotondité requife pour fa parfaite beauté.

L'on propofe contre le reftabliffement
du moulin, qu'apres l'inuention d'iceluy,
pour la grande cizaille, il conuint augmenter le braffage au conducteur.

Que les refforts, virolles, quarrez & pieces
qui le conduifent font fubjectes à fe fouler
& à rupture.   [urage.

Qu'il n'eft expeditif, & s'y fait peu d'ou-
Que le faux monnoyeur l'imitera.

Qu'il ne fe trouuera perfonne qui veuille
entreprendre faire la monnoye au moulin, fi
ce n'eft à pareil prix que ce que l'on paye
pour marc des jettons d'argent.

A ces cinq objections fe doibt refpondre
premierement, que la quantité de cizaille de
la monnoye faite au moulin n'eft domma-
geable au fermier, ny à l'ouurier, & fe trouue
entierement fans peine, fraiz, trauail, laue-

ment,& la cizaille faite par l'ouurier à la ci-
zoire ou bec de corbin, outre les fraiz des
laueures,ne se trouue entierement,qui est
despence & perte au maistre & fermier.

Que l'augmentation de brassage ne fut
faicte pour cause de la refonte des cizailles,
mais pour n'estre raisonnable que le conducteur des moulins fist & donnast à ses
despens les façons que l'ouurier est tenu de
donner à l'ouurage,assauoir battre Royaux,
tailler,peser,flettrir,cuire,rebattre,escacher,
recuire,battre,estanquer,boüer,cuire,recui-
re,fournir de charbon, de grands zizoires,
trois sortes de marteaux , tas, ou enclume,
boüaire,ou marteau,pesant 8 ou 10 l. tenail-
les en oualles,marotieres,cepes,tresbuches,
ou quindoles,poille à recuire,qui sont outils
seruans à donner les façons: pour la peine &
trauail desquels luy estoit payé 3 sols pour
marc,& estant faites les monnoyes au moulin par l'industrie du conducteur qui luy
donne autres &semblables façons,il fut bien
raisonnable luy attribuer ce droit,& és lieux
où l'vsage de battre la monnoye au moulin
est demeuré,comme à Pau en Beart le droict

de l'ouurier luy eſt attribué, meſme celuy du tailleur & graueur, & tres-iuſtement, d'autāt qu'il ſe fournit de quarrez & poinçons qu'il fait faire d'acier d'eſlite.

Pour le ſecond objeƈt, que les reſſorts, vi-roles, quarrez, & pieces qui conduiſent le moulin ſont ſubjeƈtes à ſe fouler & à rupture, ſe peut reſpondre qu'en l'eſtabliſſement nouueau des premiers moulins, les artiſans n'eſtoient ſi experts comme ils ſe ſont ren-dus depuis que les moulins ont eſté com-muns comme ils le ſont à preſent, il n'y a rien plus difficile que d'inuenter, & plus aysé que d'adiouſter aux choſes inuentées: en l'an 1556 n'y auoit en France de moulins que ceux qui furent dreſſez enuiron l'an 1553. dans les eſtuues, proche le Palais, par M. Aubin Oli-uier, homme fort ingenieux, & qui en fut le premier inuenteur, qui ſont à preſent aux galeries du Louure, à la garde de ſes enfants, qui ne ſont moins induſtrieux, & fidelles conſeruateurs de l'induſtrie de leur pere: mais en l'an 1590. en fut dreſſé vn à Tours, où furent faits jettons & medailles par Ni-colas Denfrie, tailleur general des mōnoyes

de

de France : depuis en l'an   en furent
dreſſez à Lyon, & peu apres à Tholoze, Aix,
Amiens, Nantes, Bordeaux, & à preſent à
Poictiers : tellement que ce qui eſtoit lors
ſingulier, s'eſt rendu vniuerſel pour l'vſage
des doubles, qui n'eſt que vile & abjecte
monnoye.

Pour le troiſieſme object, que les moulins ne ſont expeditifs, & ne ſe feroit l'ouurage ſi promptement qu'au marteau, ſuffi-
ra de reſpondre à celuy qui le propoſe, que
le peu de practique qu'il a au faict des monnoyes luy fait tenir tel langage, d'autant que
quatre perſonnes dreſſez & accouſtumez à
telle conduitte des monnoyes au moulin feront plus d'ouurage que douze ouuriers &
monnoyers au marteau : & de ceſte diligence
en fut rendu teſmoignage dés l'an 1553. par
le rapport de celuy qui a fait la traitte, intitu-
lé Diſcours du Royaume & des Roys de Fráce, depuis Pharamond iuſqu'à Charles I X.
diſant,

En ce temps fut dreſſé à Paris vn moulin
ſur la riuiere de Seine d'vn ſingulier artifice,
auquel moulin ſe forge monnoye d'or &

d'argent, exactement imprimée, pollie & ar-
rondie, & en trés-grand nombre, & à moindre fraiz que de couftume.

Quant au quatriefme, que le faux monnoyeur pourra imiter la monnoye faite au
moulin, il fe peut dire que fi les autheurs qui
le propofent peuuent reprefenter vne efpece d'or ou argent faite au moulin depuis
l'introduction d'iceux en France, l'on les
pourra croire, & eft l'eftabliffement du moulin pour battre les monnoyes: ce que crai-
gnent & redoutent les faux monnoyeurs,
& leurs peres nourriffiers, les Alchemiftes, re-
cognoiffans qu'ils ne fçauroient fuppofer vn
metail vil & abject, comme font le cuiure,
plomb, & eftaih (matieres des faux monnoyeurs) pour de l'or & argent, qu'auffi toft
l'efpece ne foit recognuë par l'attouchemét,
d'autant que les monnoyes faites au moulin,
foit à Paris, Tholoze, Bordeaux, ou ailleurs,
feront toufiours égales, de pareil volume,
grandeur & efpoiffeur, pour paffer par femblable couppoir, qui couppe également; ce
qui ne fe peut faire aux monnoyes faites au
marteau, pour n'eftre les marteaux ou boüai-

res conduits par forces & mefures fembla-
bles comme au moulin, qui efcache au couppoir qui couppe, & à la preffe qui ferre toufiours également, fans defguifement des differends, mileziefme, marque de la vill,du
fermier & tailleur,& ne peuuent les ouurages faits au moulin eftre defaduoüez par les
fermiers, effayeur &tailleur, ny rongnez que
l'expofiteur n'en foit auffi toft recognu, re-
pris & chaftié: & fe peut dire, que l'on n'a
veu tefton de France fait au moulin auoir
efté rongné: &femble que la parfaicte repre-
fentation de la figure du Roy aye retenu &
dóné quelque terreur aux rongneurs, les re-
tenant &empefchant.

- Quant au cinquiefme & dernier object,
qu'il ne fe trouuera perfonne qui veuille en-
treprédre à faire la mónoye au moulin, fi ce
n'eft à pareil prix que ce que l'on paye pour
marc des jettons d'argent, ce doibt eftre de
l'inuention de quelque perfonne peu entendu en la conduitte des metaux & graueures,
d'autant que la matiere des jettons eft d'argent le Roy, partant plus precieux, & qu'il
conuient grande defpence pour l'affineur,

& rendre les matieres d'argent à ce degré ou tiltre. D'ailleurs, il conuiét grande diuerſité de poinçons diſſemblables à ceux des monnoyes, & d'autant de ſortes comme il y a de differentes armes en toutes les nobleſſes, communautez, maiſons municipales qui ſe delectent faire imprimer ou grauer leurs armoiries ou deuiſes en jettons d'argent ou cuiure, deſquels quelquefois les quarrez ne ſeruent que pour vne bource de deux marcs, de jettons, de laquelle les quarrez pourront reuenir à 20 l. Et pour monſtrer l'impertinance de ceſte propoſition, que l'on appelle le conducteur des moulins, & que l'on luy propoſe (outre les droicts donnez aux fermiers, les braſſages & ſalaires attribuez au tailleur & à l'ouurier pour marc d'œuure) il s'en trouuera bien payé : & où il refuſeroit ceſt aduantage ou ſalaire, il n'eſt à preſent ſeul expert en la conduite des moulins dans le Royaume, comme il l'a autrefois eſté: Les autres qui ont fait & font les doubles de cuiure à Lyon, Bordeaux, Poictiers, Amiens, Aix, Villeneufve, S. André, ou qui en ont cy-deuant fait à Tholoze, Aix & Nantes le pourront bien entreprendre,

n’ayant pour braſſage de doubles que 5 ſols
pour tout droict,encore qu’il y ait plus grã-
de quantité de pieces à tailler & marquer au
marc de doubles & deniers qu’au marc d’argent,aſſauoir au marc de doubles 78 pieces,
& dans les remedes 82. & au marc de deniers
156. & dans les remedes 164. & au marc de
quarts d’eſcus que 25 pieces ⅓,& dans les remedes 25 pieces ⅔ de pieces,& en piece de 10 ſ.
8 d. 34 pieces ⅓,& le double en pieces de 5 ſ.
4 deniers.

Et où ceux qui ont priuilege de faire les
doubles & deniers de cuiure refuſeroient de
trauailler à la monnoye d’or & argent au
moulin,& à ce prix reuoquant leur pouuoir,
& le conferant à celuy qui entreprendra faire les monnoyes d’or & argent au moulin,
ſelon la nouuelle taille, alleage & braſſage,
faiſant ſa Majeſté obſeruer ſes Edicts,& les
deffences des tranſports de l’or & argét hors
le Royaume,& le cours des monnoyes eſtrã-
geres,& des eſpeces du Royaume legeres &
rongnées:& baillant les monnoyes à forfait,
il ſe trouuera des fermiers,leſquels augmen-
teront les droicts du Roy pour marc d’œu-
ure de doubles.	K iij

Et pour iuſtifier l'vtilité de ceſt ordre,& que les monnoyes d'or & argent qui ſe ferót feront meilleures que celles qui ont eſté faites depuis l'an 1577. & la monnoye d'or plus matérielle, forte & meilleure que celle d'Eſpagne, bien qu'elle s'expoſe à moindre prix que le piſtolet d'Eſpagne, nonobſtant l'augmentation de traicte, il pourra eſtre que par ceſte demonſtration & preuue, ceux qui ſouſtiennent qu'il ne faut diminuer le prix de la piſtole changeront d'aduis, & la monnoye d'argent meilleure que celles qui furent introduites en l'an 1577. à l'aduantage du Roy & du Royaume, & grand deſaduantage des billonneurs, tant François qu'eſtrangers, qui ſeuls en receuront le dommage en la France, & recognoiſtront que le ſalaire attribué aux maiſtres & fermiers des monnoyes en la fabriquation des eſcus, & demy eſcus, n'eſt ſuffiſante pour mettre en œuure vn marc brut. & qu'il eſt neceſſaire de luy augmenter le braſſage, meſme les droicts du Roy, prouenant de ce default, le ſubject du ſurhauſſement de la monnoye d'or dans le Royaume, où elle ſera perpetuellement & à touſiours

augmentée de prix, ou transportée, à cause
de sa bonté & moindre valeur, & bonté des
monnoyes d'argent, introduittes depuis l'an
1577. Et pour iustifier si Nosseigneurs du
Conseil & Messieurs les Commissaires depu-
tez par sa Majesté à pouruoir aux desordres
des monnoyes, desirent la preuue en estre
faite en leurs presences, ils recognoistront
s'il sera plus vtile faire monnoyes au marteau
qu'au moulin : & si les monnoyes d'or que
l'on propose sont égales à celles d'argent,
sans disparité, & iugeront le dommage receu, & l'impossibilité d'affiner vn marc d'or
du tiltre des pistolets d'Espagne, & le reduire à 23 karats pour moins de cent sols pour
marc : & le profit qui reuiendra au Royaume
par l'vsage & practique de la reformation
proposée, & si plus diligemment se trauail-
lera au moulin qu'au marteau, & quelle des
monnoyes anciennes ou modernes seront
plus belles, parfaictes & solides : & si les monnoyes faites sur les alleages & tailles propo-
sées, pourront estre surhaussées les vnes par
les autres, comme toutes les monnoyes introduites en l'an 1577. & comme en ce seul

ordre confiste le seul moyen de conferuer
& augmenter les richeſſes du Royaume en
general & en particulier, & comme il n'y aura aduantage à Teforiſer pluſtoſt l'or que
l'argent.

Si l'ouurage fait au moulin ſe trouue plus
parfaict & vtille, & plus promptement fait,
les ouuriers & monnoyers continuás en leurs
charges pourront apprendre à trauailler au
moulin : & quand ils auront appris à mettre
& tirer les lames au moulin, pour eſtre eſca-
chées, les porter au couppoir, pour eſtre taillées, puis les peſer piece à piece, les mettre en
la tenaille, porter & retirer de la preſſe, & la
ferrer (qui ſont façons de la main, dont les
outils appartiennét au conducteur du moulin, & en fait tous les fraiz,) alors l'ouurier &
monnoyer pour leur peine & trauail ſeront
bien payez d'vn ſ. 6 d. pour marc d'œuure : &
iuſques à ce qu'ils ſoient bien dreſſez & appris à la conduitte des lames au moulin, te-
naillez & preſſez pour leur conſeruation,
ceux qui ſont vſitez à les mener, continue-
rót à y trauailler iuſques à ce que les ouuriers
& monnoyers titulaires ſoient dreſſez, vſi-

tez & bien apris, si tant est que sa Majesté
vueille perfectionner la beauté & bonté de
ses monnoyes, & qu'elles soient à l'aduenir
toutes conformes, comme elles seroient fabriquées au moulin.

Pour le contentement des curieux & a-
mateurs de l'enrichissement du Royaume,
nous representons plusieurs pieds, alleages
& tailles de monnoye en proportion douziesme, & autrement sans disparité de bonté de l'espece d'or à son change d'argent,
qui est le seul & vnique moyen pour bannir
& chasser le surhaussement des monnoyes,
& que la matiere des monnoyes vaille autant en œuure que hors d'œuure, selon le
prix des ordres. Et en l'an 1602. & 1614. eust
esté plus vtille par vn pied nouueau de boti-
ne & parfaicte monnoye, chasser les desordres qui estoient, qui sont, & qui encores
continuent, que d'auoir surhaussé le prix du
marc d'or & d'argent.

La France ayant en son partage l'abondance des vrais biens que sa terre produict,
doit estre plus curieuse de la conseruation
d'iceux, & n'estimer l'or & argent, soit brut

ou monnoye en œuure, ou hors d'œuure,
plus que le prix porté par les loix du Royaume, autrement le François s'assubjetit à la
domination d'autruy, & paye taille à celuy
duquel la monnoye a cours.

Charles V I I. apres la mort de son pere
reforma prudemment les desordres que les
guerres ciuiles & estrangeres auoient apporté en ses monnoyes, qui estoit tel, que le
marc d'argent le Roy eualué quatre-vingt
dix liures, s'exposoit en œuure pour trois
cens soixante liures, qui estoit vn marc d'argent ouuré en bas billon, plus qu'vn marc
d'or fin, estimé par l'ordinaire trois cent
vingt liures.

Lors en ce siecle ceux qui auoient l'or en
matiere ou en especes, recognoissans que la
Iustice en estoit bannie, & n'y tenoit aucun
rang, pour le trouble auquel le Roy & le
Royaume estoient, (non par desobeissance,
mais pour la conseruation des richesses pures en l'or qui estoit dans le Royaume,) ex-
poserent l'escu pour quarante liures, qui
estoit le marc d'or, peu moins de deux mil
huict cens quarante-sept liures : Et le Roy

recognoissant ce dommage en l'an 1422. sur
la fin le reduict à quatre-vingt liures, & le
marc d'argent le Roy à sept liures dix sols, &
l'escu à vingt sols, dont sa Majesté fut grandement loüé, pour le soing qu'il auoit eu en
la conseruation des biens & fruicts de ses
subjects & Royaume, & apres la diminution du prix du marc & especes d'or & d'argent de trente-neuf quarantiesmes fut recogneu l'enrichissement du Royaume estre
à peu estimer l'or & l'argent.

Henry III. l'an 1577. recognoissant que
par desreiglement du peuple le marc d'or
s'exposoit pour quatre cent quarante neuf
liures, & le marc d'argent le Roy pour trente
neuf liures, & l'escu sol à six liures, & la piece de vingt sols à quarante sols, & ainsi de-
sordonnément toutes les autres especes
d'or & d'argent dans son Royaume, & non
ailleurs, tres-promptement pourueut à tel
desordre, & reduit le marc d'or à 222 liures,
& le marc d'argent le Roy à 19 l. & chacune
espece de monnoye d'or & d'argent à son
prix ancien & accoustumé, qui estoit diminution de moitié, & en semblable police gist

la parfaicte multiplication de l'or & de l'argēt, que le feu artificiel des hommes ne peut
engendrer, mais seulement purifier l'Empire, & déguisé par les Alchemistes, & faux
monnoyeurs.

Pied de monnoye d'or fin.
Le marc d'or fin vaut par l'ordonnance de
1614.——————————278 l. 6 f. 10 d.
Brassage——————————11 l. 13 f. 6 d.

L Vdouique a 24 karas au remede de ¼ de
kárat, à la taille de 58 pieces, au remede de
2 felins, la piece du poids de 3 d. 7 g. ½ de grain
tresbuchant, qui aura cours pour 5 l. le fin de
laquelle vaut——————4 l. 15 f. 11 d. ⁴⁰⁄₁₈ d.
   Dont peuuent estre faites simples, doubles
& quatruples, & de tel autre qu'il plaira à sa
Majesté.

Pied de monnoye d'argent fin.
Le marc d'argent à 12 d. de loy, à raison de
sa pureté en proportion douziesme doit
valoir——————————23 l. 3 f. 10 d. ½
Brassage——————————19 f. 5 d. ½

DOnt peuuent eftre faites Ludouiques à la taille de 24 pieces ½ de piece, au reme-de 2.gr. fin pour marc la piece du poids de 7 d. 22 g. trefbuchant, & au remede de ½ de piece qui aura cours pour 20 f. le fin de la-quelle vaut —————————— 19 f. 2 d. $\frac{92}{145}$.

De pareille loy & remede peuuent eftre faites pieces de 10 f. de 5 f. & de 2 f. 6 d. cinq defquelles pieces valent en leur fin & bonté la piece d'or cy-deuant reprefentée en prix & matiere.

Que fi l'on propofe que la matiere d'or & d'argent de fes monnoyes eft rare; Barbarie, Turquie, Hongrie, Pologne, Pragues, Veni-fe, Boeme & le Septentrion n'en font plus a-bondamment fournis que la France; neant-moins les monnoyes de fes Royaumes & Republiques font d'or & d'argent pur pour la curiofité qu'ils ont de conferuer leurs fruicts, biens & richeffes.

Les meilleurs Roys ont toufiours fait leurs monnoyes des matieres d'or & d'argét les plus pures, & iufques à la moindre efpece.

Pied de monnoye d'or de loy à 23 karas.
Dont le fin vaut par l'ordon. 226 l. 14 f. 7 d.
Traicte————————————— 11 l. 5 f. 5 d.

DE ce tiltre & loy peut estre fait monnoye d'or dans les remedes des poids &
loy susdits à la taille de 55 pieces ⅓ de piece, la
piece du poids de 5 d. 10 g. ⅓ tresbuchant, qui
aura cours pour cinq liures, le fin de laquelle
vaut ————————— 4 l. 15 f. 11 d. $\frac{22}{171}$.
De laquelle espece se peut faire des simples de 50 f. des doubles & quatruples, &
toute autre espece.

Pied de monnoye d'argent à 11 d. 12 g. au prix
de l'or en proportion douziefme,
Et deuroit valoir le marc d'argét 22 l. 4 f. 6 d. ½.
Brassage————————————— 18 f. 9 d. ½.

DE ce tiltre & loy peut estre fait pieces
dás les remedes des poids & loy susdits
au marc d'argent à la taille de 23 pieces ⅓ de
piece, la piece du poids de 8 den. 6 g. tresbuchant, qui aura cours pour 20 f. le fin de la-

quelle vaut ———————— 19 ſ. 3 d. ⁴⁄₁₆ d.

De laquelle eſpece ſe peut faire des demis de 10 ſ. de 5 ſ. & de 2 ſ. 6 d.

Ces deux eſpeces de monnoye d'or & d'argent ſont proportionnées en leur fin, poids, alleage & taille, que l'vne ne peut eſtre ſurhauſſée par l'autre, ſans perte de celuy qui bailleroit le change.

Pied des eſcus ſol, ayant cours de loy à 23 karas ſur le prix donné à l'or en l'an 1614.
Dont le fin vaut ——————— 226 l. 14 ſ. 7 d.
Braſſage ——————————— 5 l. 2 ſ. 11 d. ⅘

A La taille de 72 pieces, au remede ½ de karat, de loy & de 2 felins de poids pour marc, la piece du poids de 2 d. 15 gr. treſbuchant, pour auoir cours à 3 l. 15 ſ. piece, le fin duquel eſtant droict de poids & loy vaut

——————————— 73 ſ. 6 d.

La traicte donnée au marc d'or de 5 l. 2 ſ. 11 d. ½ n'eſt ſalaire ſuffiſant pour aſſembler les matieres, les fondre, payer les ſalaires du tailleur, ouurier & monnoyer, & eſt neceſſaire l'augmenter en conſideration du profit que le Royaume en receura, qui fera tel que la monnoye d’or ne pourra eſtre tranſportée ny ſurhauſſée de ſon prix, & ſe cognoiſtra mieux ceſte deffectuoſité en la repreſentation de la taille, alleage & valeur des quarts d’eſcus qui changent l’eſpece d’or.

Pied des quarts d’eſcus de loy à 11 d.
Dont le fin vaut ————— 19 l. 7 ſ. 8 d. $\frac{12}{23}$ d.
Braſſage - ————————— -15 ſ. 5 d. $\frac{101}{115}$,

ALa taille de 25 pieces ¦ au remede de 2 g. fin & de ½ de piece pour marc, la piece poids de 7 d. 12 gr. treſbuchant, bien qu’il pouuoit & deuoit peſer 7 d. 14 g. ½ de g. pour auoir cours pour 16 ſ. le fin de laquelle vaut ———————————— —15 ſ. 4 d.

Le fin de 75 ſ. deſdits quarts d’eſcus, qui eſt le change de l’eſcu, ſuiuant l’ordonnáce 1614. ne valent que 71 ſ. 10 d. ½, & ne payent la matiere de l’eſcu : tellement que pour telle deffectuoſité l’eſcu a touſiours eſté & ſera ſurhauſſé ou tranſporté hors le Royaume, s’il n’y eſt pourueu, & pour l’excés des remedes en poids & loy valent beaucoup moins.

Lequel

Lequel excés est plus grand en la monnoye de billon : & pour la deffectuosité d'i-
celuy, les fabriquations en ont esté interdites
dés y a 20 ans & plus, & ne conuient le restablir non plus que l'art des Alchemistes, desquels la perfection est sçauoir déguiser la pureté des bons metaux, pour accueillir la pauureté en vn Royaume, continuellement sui-
uie de changemens ruinez & mutations,
dont les éuenemens sont grandemét dangereux aux Roys, Royaumes & Republiques.

---

*Autre pied nouueau hors la proportion douzié-
me de monnoye d'or de loy à 23 karas, sans
que l'espece vaille plus ny moins que son change en argent, selon le prix donné à ses deux
metaux par l'ordonnance 1614.*

Le marc vaut------------------266 l. 14 s. 6 d.
Brassage----------------------11 l. 5 s. 5 d.

A La taille de 69 pieces, au remede des
poids & loy susdits, la piece du poids de
2 d. 18 g. qui aura cours pour 4 l. le fin de
laquelle vaut--------------------3 l. 16 s. 9 d. $\frac{2}{139}$.
Dont peuuent estre faites simples de qua-

rante ſols des doubles & quatruples.

Pied de monnoye d'argent du tiltre des quarts
d'eſcus de loy à 11 d.

Le fin vaut——————————— 19 l. 7 ſ. 8 d. $\frac{12}{21}$

Braſſage——————————— 16 ſ. 3 d. $\frac{11}{21}$ d.

DOnt peut eſtre fait pieces de 20 ſ. dans
les remedes des poids & loy precedans
à la taille de 20 pieces ¦ de piece, la piece du
poids de 9 d. 13 g. le fin de laquelle vaut 19 ſ. 2 d.

Quatre deſquelles pieces valent 3 l. 16 ſ. 8 d.
autant que l'eſpece d'or qui le change ſans
aucune diſparité, ny ſubjet de triage, ou ſurhauſſement de l'vne & de l'autre.

De ces eſpeces en peuuent eſtre faites des
demis doubles & quatruples, meſme des eſpeces d'argent de 10 ſ. de 5 ſ. & de 2 ſ. 6 d. maniables, maleables & vſuelles.

De ce tiltre loy & remedes peuuent eſtre
faites pieces de 12 ſ. à la taille de 33 pieces ¦, la
piece du poids de 5 d. 16 g. ¦ dont le fin vaut
11 ſ. 6 d. $\frac{4}{21}$ d. & eſtant ceſte eſpece de monnoye eſteduë d'vn poulce, vne ligne ne peut
eſtre moulée, ny jettée en ſable par le faulx

monnoyeur,& s'en peuuent faire de 6 ſ. de
3 ſ. & de 18 deniers maleables,maniables &
vſuelles.

---

*Autre pied nouueau hors la proportion douZieſ-
me de monnoye d'or de loy à 22 Karas,ſans
que l'eſpece vaille plus ny moins que ſon change en argent, ſelon le prix donné à ces deux
metaux par l'ordonnance de 1614.*

Le marc d'or vaut ——————— 255 l. 2 ſ.7 d.$\frac{1}{2}$.
Braſſage ——————————10 l.17 ſ. 4 d.$\frac{1}{2}$

DOnt peut eſtre fait Ludouiques dans
les remedes des poids & loy ſuſdits à la
taille de 66 pieces $\frac{1}{2}$,la piece du poids de 2 d.
21 g. treſbuchant,qui aura cours pour 4 l. le
fin de laquelle vaut ——————— 76 ſ.8 d.$\frac{51}{133}$ d.

Taille d'autre pied de monnoye de pareille loy & remedes,la piece du poids de 3 d.
14 g.$\frac{1}{2}$ treſbuchant,qui aura cours pour 5 l.
piece,& y entrera au marc 53 pieces $\frac{1}{2}$ de piece,le fin de laquelle vaut ———— 4 l.15 ſ.10 d.

Deſquelles eſpeces pourront eſtre faites
ſimples,doubles & quatruples,& ſera meilleure monnoye que la piſtole,& s'en pourra
faire de 3 l.6 l.& 12 l.meſme des pieces de 30 ſ.

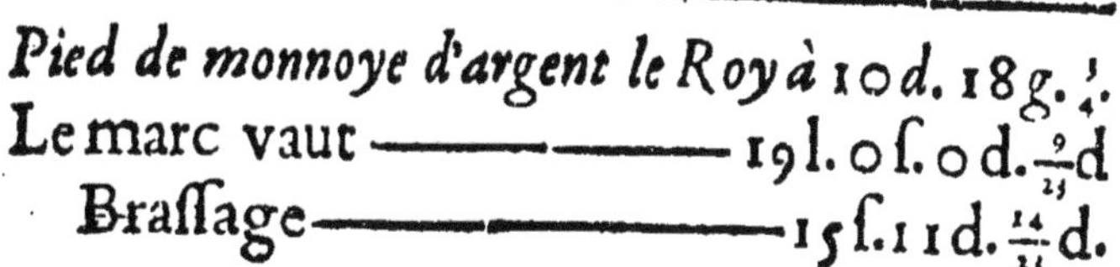

Pied de monnoye d'argent le Roy à 10 d. 18 g. ¼
Le marc vaut ——————— 19 l. 0 f. 0 d. 9/25 d
Braffage —————————— 15 f. 11 d. 14/25 d.

DOnt feront faites pieces de 20 f. au remede de 2 gr. fin pour marc à la taille de 19 pieces ¼, la piece du poids de 9 d. 16 g. le fin de laquelle vaut ——————— 19 f. 2 d.

-Defquelles 5 pieces de 20 f. le fin vaut 4 l. 15 f. 10 d. & le fin de la piece de 5 l. ne vaut que fon change, qui empefchera le furhauffemét & le tranfport, & qui confiderera cefte taille & alleage des monnoyes d'or & d'argent, & l'employ entier du marc, & les conferera à l'introduétió des efpeces d'or & d'argent fabriquées en l'an 1569. & 1577. recognoiftra la caufe de tant de defordres des monnoyes, & perte des richeffes annuelles du Royaume eftre prouenuë de n'auoir efté les monnoyes introduites en ce temps, bien taillées, ny aloyées, pour lequel deffaut le dommage & perte continuera iufques à ce qu'il y foit pourueu.

Autre efpece de monnoye d'argent des

loy, fin & remedes à la taille de 33 pieces du poids de 5 d. 19 gr. ¹⁄₂, qui aura cours pour 12 ſ. le fin de laquelle vaut -————- 11 ſ. 6 d. $\frac{4}{23}$ d.

Six pieces² de ceſte eſpece de monnóye d'argent, valent la piece d'or ſuſdite, & cinq font le nombre de 60 ſ. ou de 3 l. & ceſte eſpece faite au moulin, ou au marteau, tenuë de la grandeur de 13 lignes, ne peut eſtre jettée en ſable, & s'en peut faire de 6 ſ. de 3 ſ. & de 18 d. du poids de 17 gr. maniables, maleables & vſuelles.

Et chacune de ſes eſpeces d'or & d'argét, portant l'effigie du Roy, ne peuuent eſtre que tres-difficilement falcifiées ou contrefaites.

F I N.